混ぜる教育

80カ国の学生が学ぶ

立命館アジア太平洋大学

APUの秘密

著：崎谷実穂　柳瀬博一

解説：糸井重里

APU
1

九州大分県別府市の中心街から車で30分。
立命館アジア太平洋大学=APUのキャンパスは
別府湾を望む標高約350mの山の中腹にある。
約 80ヵ国・地域 3000人の留学生と、日本全国から集まった
日本の学生3000人が4年間、ここで「混ざる」。

温泉

入学式

温泉街として有名な大分県別府市は②、
APUの開学で、国際色豊かな学生が闊歩する
若々しい街に変わりつつある③。
入学式は国連総会やオリンピック開会式にも
負けないグローバルな雰囲気④。

キャンパスライフ

5

キャンパスは、留学生と日本の学生が混ざったグローバルでダイバーシティあふれる21世紀の教育環境⑤,⑥,⑦。

6

⑦

学生寮APハウスでは、異国人同士が暮らす2人1部屋のシェアルームがある。日本人とフィジー出身の男子部屋⑧。日本人と中国（香港）出身の女子部屋⑨。

⑨

⑧

混ぜる授業

10

11

日本語を教わる留学生。卒業時にはぺらぺらに⑩。英語による国際関係の授業⑪。教員をサポートする学生ティーチングアシスタント（TA）のミーティング⑫。支援活動を行うサークルがプロジェクトを議論⑬。学生たちで韓国の街をオリエンテーリングするFIRSTプログラム⑭。

就職活動

日本の学生と留学生が「混ざって」英語で経営学を学ぶ⑮。職員も、留学生と日本の学生の就職活動支援を⑯。キャンパスでは、オセアニアウィーク⑰、スリランカウィーク⑱と毎週のように学生イベントが。学生食堂では、ムスリムの学生のためにハラール料理も用意⑲。

シンポジウム

23

22

早野龍五東京大学大学院教授と糸井重里さんを招き、福島原子力発電所事故と放射能の安全性について日本語と英語で討論。学生有志が主催⑳。学生寮APハウスでは学生の交流がさかん㉑。卒業生は頻繁に集まり、渋谷で㉒ タイで㉓ イベントを。卒業式は赤いガウンにハット姿。最後はみんなでハットを放り投げる㉔。

卒業式

24

ゼロから創る

キャンパスができる前は山の中腹の荒野だった。

25

キャンパス建設中の様子。

26

平松守彦大分県県知事（当時・中央）、井上信幸別府市長（当時・右から２人目）が APUを大分県別府市に誘致。左から2人目が川本八郎立命館理事長（開学当時）。

日本の財界のトップの面々が会員となり、
APUの応援団となるアドバイザリーコミッティが設立。

はじめに

この本の主人公は「大学」です。

立命館アジア太平洋大学。通称ＡＰＵ。この大学が今、とても面白い。

そこで本をつくりました。どこが面白いのか。

まず、６０００人の学生の内訳が面白い。日本人の学生と外国人の学生がほぼ同数いるのです。日本全国から３０００人が、海外80ヵ国から３０００人が、ＡＰＵに集まって一緒に勉強しています。

授業も変わっています。ほとんどの科目は日本語と英語の2本立て。留学生は、日本語ができなくても英語力があれば入学でき、卒業までに日本語を身につけ日本で就職することも可能になる。だから、安心して海外から学生が集まります。教員＝先生も半数は外国人です。と書くと、すごく都会的な大学に見えてしまいますが、意外なことにＡＰＵのキャンパスがあるのは、東京でも京都でも大阪でもありません。九州・大分県別府市。温泉街の外れの山の中腹です。別府湾と太平洋を一望にできる、「不便」で「絶景」のキャンパスです。

超ローカルな場所に、超グローバルな大学がある。そんなＡＰＵは今、いろいろなところで注目を浴びています。

まず、教育界。日本人と外国人の学生を同数集め、英語と日本語の授業を2本立てで行う、これまでの日本の大学の常識ではできなかった教育を実現している。このため、別府のキャンパスまで多くの教育関係者が訪れています。

それから、経済界。APUの卒業生は、英語ができて国際感覚のある日本人、日本語が堪能で日本文化を知る外国人。どちらもグローバル市場で勝ち抜かなければいけない多くの企業から、引く手数多《あまた》です。また、APUを「短期留学」先と考えて、社員を派遣する企業も出てきています。

さらに、行政。大分県と別府市は、典型的な地方の問題を抱えていました。少子高齢化と産業の衰退。2000年にAPUが開学して、6000人の学生が住むようになり、しかもその半分が80ヵ国から集まった外国人。人口12万人の別府市は一気に国際都市に変わりました。大分も別府も今APUとタッグを組み、観光客対応から町おこしに至るまで、さまざまな仕掛けを始めています。

ただ、外国人学生が半分を占めるからといって、それだけで「面白い大学」になるわけではありません。日本語と英語の授業が2本立てで用意されても、それだけで「いい大学教育」が実現できるわけでも、「すごい卒業生」が巣立つわけでもありません。国際大学が誘致されようと、それだけで地方が活性化するわけではありません。

APUが、実際にいろいろな意味で成果を出しているのはなぜだろう？

私たちは1年半にわたって別府のAPUと京都の立命館に十数回取材に行き、教員の話を聞き、職員の話を聞き、学生たちと一緒に授業を受け、学生寮のAPハウスに泊まり、別府の街中でご飯を食べ、大分と別府の地元の話を伺い、卒業生や企業の話を聞き、そしてじんわりわかってきました。

APUでは、いろいろな「人」が徹底的に「混ざっている」のです。

キャンパスでは全国から集まった日本人と世界から集まった外国人の学生が混ざり、

授業でも日本人と外国人の学生が混ざって学び、学生寮のＡＰハウスでも異なる国の学生同士が混ざって暮らす。あらゆる国の出身者が、混ざって勉強し、混ざって遊び、混ざってアルバイトし、混ざって喧嘩し、混ざって恋をする。

ＡＰＵでは、先生である教員と事務方の職員とが混ざって大学をつくり、学生と教員、学生と職員も混ざって、ＡＰＵの「校風」をつくりあげました。別府という「地元」にも、国際色豊かなＡＰＵの学生たちは積極的に混ざり、子どもたちに英語を教え、地域のイベントに参加し、ホテルや温泉旅館や飲食店でアルバイトをし、この街を彼らにとって第2の故郷にしました。

卒業生たちは日本企業の中にどんどん混ざって、企業のグローバル化を内側から進める役割を果たしています。さらにベンチャーを立ち上げたり、社会起業家になったり、ふるさとで国おこしをしたり、さまざまな分野に混ざって活躍しています。

いろいろな国の人、いろいろな立場の人が、「混ざる」。すると「面白いこと」が起きる。APUを取材して実感しました。混ざることで、人同士が「化学反応」を起こすのです。

この本では、さまざまな人を混ぜることでさまざまな「化学反応」を起こしているAPUの試みを「**混ぜる教育**」と名づけました。そして、「混ぜる教育」とはどんなものので、どんな工夫があり、どうやってつくり、どうやって改良し、どんな効果を上げているのか、詳細にレポートしていきます。

APUが実践してきた「混ぜる教育」は、大学のみならず小学校、中学校、高校で、そして日本企業や日本社会が自らやらなければならないことかもしれません。

近年の日本は異質なもの同士を「混ぜる」ことをいささか怖がってきました。日本と他国、都市と地方、老人と若者、男と女、大学と社会。日本ではなかなか混ざりません。むしろしばしば対立しています。一方、時代のキーワードは、グローバリゼーションとダイバーシティです。グローバリゼーションは、世界中の国々を混ぜることです。ダイバーシティは、人種や男女や年齢差などを超えていろいろな人たちを混ぜることです。

日本はもっと混ざった方がいい。では、どうすればうまく混ざることができるのか？

そこで、APUの「混ぜる教育」です。人と人とを混ぜると、こんなに面白いことが起きる。この大学に「人の混ぜ方」を教わりにいきましょう。

2016年5月

著者一同

第5章　企業と大学、日本と世界を混ぜる。

第5章　企業と大学、日本と世界を混ぜる。　281

Part1　日本企業がいたからAPUができた　283

世界中から学生が集まる大学は、国にとって最高の未来投資です　304
茂木 友三郎　キッコーマン株式会社　取締役名誉会長

APUの教育環境は、グローバル企業の職場と相似形です　308
志村 正之　三井住友銀行　トランザクション・ビジネス本部担当　専務執行役員

公文で学ぶ子どもたちとAPU国際学生の英語キャンプ　312
池上 秀徳　公文教育研究会　代表取締役社長

Part2　APU卒業生が日本企業に「混ざる」　316

APUで鍛えた「外交力」を宅急便のグローバル化に活かしてほしい　350
梅津 克彦　ヤマト運輸株式会社　執行役員　国際戦略室長

Part3　社会起業家も続々　354

「混ぜる大学」ＡＰＵは、「混ぜなきゃいけない」未来の日本の姿です……366
是永 駿　立命館アジア太平洋大学　学長

解説　「Only is not lonely」な若者たちが育つ庭　370
糸井 重里

本書に登場された方々の肩書きは、一部を除いて取材当時のものである。

序章

「混ぜる大学」が日本を救う。

別府市郊外の
山の上のキャンパス

学生と教員の半分が外国人、出身国は80ヵ国

2014年、文部科学省は「スーパーグローバル大学」を選出した。
――若い世代の「内向き志向」を克服し、国際的な産業競争力の向上や国と国の絆の強化の基盤として、グローバルな舞台に積極的に挑戦し活躍できる人材の育成を図るため、大学教育のグローバル化のための体制整備を推進する「スーパーグローバル大学創成支援」の対象となる大学を採択する（文部科学省の資料より）。

東京大学、京都大学をはじめとする国立大学、慶應義塾大学、早稲田大学など私立大学の中から選ばれたのは全国37校。一橋大学や神戸大学といった名門国立大学、青山学院大学、同志社大学などの有名私立大学が選ばれなかったことで大学界ではニュースになったという。

そんななか、スーパーグローバル大学に選出された開学16年の新大学がある。

本書の「主人公」である立命館アジア太平洋大学＝ＡＰＵだ。

２０００年に開学したばかりのＡＰＵは、歴史ある有名大学を差し置いて、本家の立命館大学と一緒にスーパーグローバル大学に選ばれた。

なぜか？　疑問は、ＡＰＵの「数字」を見れば解ける。

まず６０００人の在学生の約50％、およそ３０００人が、海外からやってきた国際学生である。出身地も多種多様で、常に約80ヵ国・地域の国際学生が集まっている。これまで世界１３７ヵ国・地域の学生がＡＰＵで学んだ。日本の国内学生も地元九州出身者にとどまらない。半数前後が、首都圏や関西、北海道・沖縄など全国から集まっている。ちなみに国際学生とは、ＡＰＵの中で「留学生」を指す言葉で、国内学生とは、日本人に加え在留資格が「留学」ではない在日外国人を指す。

ＡＰＵのキャンパスを歩いてみれば、そのグローバルぶりは一目瞭然だ。アジア系、ヨーロッパ系、アフリカ系、さまざまな国の学生たちが混じり合う。目隠ししていきなり連れてこられたら、日本の大学とは思えないかもしれない。

グローバルなのはキャンパスの学生たちだけではない。教員も50％が外国人で、ほとんどの授業が日本語と英語の2本立てで用意されている。大学院ではなく、学部でここまで徹底したグローバル化を果たしている大学は、日本には他に存在しないだろう。ちなみに外国からの学生は、英語さえマスターしていれば、日本語ができなくても入学可能だ。

これまで日本の大学の学部が海外からたくさんの留学生を集めるのは難しかった。最大の理由が「日本語の壁」だった。APUではこの「壁」をとりはらい、外国の学生が入学してから、日本語を学び、英語で専門科目を履修できるようにした。だから海外の名門高校から優秀な学生が志願する。

大学の授業も、大教室で一方的な講義を行うだけではなく、優秀な先輩学生をティーチングアシスタント（TA）として養成し、授業の運営に関わらせることで、学生たち同士が教え合い学び合う仕組みを取り入れた。彼らは日本語または英語で共同プロジェクトをこなし、授業でプレゼンテーションを行う。このようにAPUでは、双方向性の高い学びの場を設けている。

勉強だけではなく生活の面でも学生たちがグローバルな環境を享受できるのが、APUの特徴だ。世界中から日本中から学生と教員が集まり、九州・大分県別府市の郊外の山の上で一緒に学び一緒に暮らす。日本語と英語のみならず、さまざまな言語と文化がぶつかり合う。

日本全国と世界各国から集まってきた学生たちは、別府の温泉街にある郊外キャンパスで濃密な4年間を過ごし、別府を「第二のホームタウン」と呼ぶようになる。

学生たちは地元の大分県や別府市とも密接な関係を結び、その結果、グローバルな地域振興が進んでいる。地元の子どもたちに英語や国際理解を教え、地域のイベントに参加し、大分県の海外向けプロモーション映像を製作し、海外旅行者用の案内図をつくり、地元の役所や銀行に就職して、地域のグローバル化に貢献している。

企業は、APUの卒業生を高く評価している。APUで4年間を過ごした日本人学生は「世界を知る若者」として、各国の国際学生は「日本語」と「日本」を知る最強の「パートナー」として、グローバル対応が必須となった数多くの日本企業からひっぱりだことなる。起業家になったり、NPOを立ち上げたりと独立心に富む卒業生も数多い。

日本の大学業界では、1980年代から国際化が叫ばれるようになり、「国際」の名を冠した国際志向の大学や学部が次々と誕生した。APUの「親」である立命館大学でも、国際関係学部を88年に新設している。

ただし、APUは、他の「国際」大学や「国際系」学部とはまったく異質な大学として

2000年に開学した。日本人と外国人の比率が学生も教員も1対1、そのうえ50ヵ国から集結した、日本と外国が完全に「混ざった」大学だったからである。

そもそも「国際化」あるいは「グローバル化」とは何なのか？

大学の場合、英語の授業を増やすことか？　日本人学生のTOEFLやTOEICの点数が高いことか？　留学生が多いことか？　もちろんそれらも、国際化、グローバル化の「一部」だろう。ただ、日本人学生が英語を使えるようになるというのは、国際化に至る手段の1つにすぎない。「はじめに」で触れたように「国際化」「グローバル化」とは、世界と日本を「混ぜる」こと、世界と日本が「混ざる」こと、ではないだろうか。

日本人が、世界のいろいろな社会に「混ざる」。

日本企業が、世界のさまざまな市場に「混ざる」。

日本の街に、世界の人々が訪れて「混ざる」。

日本の大学で、日本人学生と世界中から来た外国人学生が「混ざる」。

日本と世界が、「混ざる」。

いくら英語力が高くなろうと、語学はコミュニケーションの道具にすぎない。実際に英語を使って、異国の人や社会や企業と「混ざって」初めてグローバル化といえるわけだ。

混ざらなければ、経済は動かないし、社会は変わらないし、友達だってできない。

APUという大学の戦略が、最初からグローバルだったのは、人と人とを「混ぜる」ことを意識し、徹底した点にある。

APUを生んだ立命館では1995年に新大学構想が固まった当時から「学生の50%を留学生に、出身国を50ヵ国・地域以上に、教員の50%を外国人に」という「3つの50」を開学の条件に打ち出した。それを聞いた日本中の大学関係者の多くが「そんな大学、できるわけがない」と一笑に付した。

けれども、APUは2000年の開学の時点で「3つの50」をほぼ達成し、以来国際大学の地位を揺るぎないものとしている。なぜ、プロ＝大学関係者の予想は外れたのか？

大学はどちらかといえば「混ぜる」場所ではなく「分ける」場所である。偏差値で大学を分ける。専門課程で学問を分ける。結果として、大学を社会と分けて象牙の塔とする。「分ける」ことすべてが悪いわけではない。大学は高度な専門的な学問を学び・研究する場所だとされてきた。学問を分野で「分ける」ことは当たり前だし、俗世から分かれて勉学に研究に勤しむのは当然だ。

ただし「分ける」を突き詰めると、時として大学は実社会とも分かれすぎてしまう。グローバルで多様性のある現実世界とつながりにくくなってしまう。

APUは、あえてそれまでの日本の大学としては異質な、徹底的に「混ぜる大学」を目指した。ちなみに社会を「混ぜる」ということは、グローバル化もふくめた、多様性＝ダイバーシティのある状態を実現することである。いろいろな国籍や文化背景の人たちが一緒に働く。男女の雇用が均等となる。障がい者の雇用が増える——。

残念ながら、日本の政治社会や企業社会は、ダイバーシティの面で見て、世界でも低いレベルにある。企業の役員の女性比率や内閣や議会における女性の比率は、先進国の中では下位に位置する。日本の元気のなさは、国内市場の縮小や国際競争の激化だけに起因するわけではない。外国人どころか、そもそも社会の構成員である多様な人々を、社会の要所に混ぜてこなかった、つまりダイバーシティを実現してこなかったツケが回ってきている。グローバル化＝国際化は、ダイバーシティ＝多様性をもたらさなければならない。だから「混ぜる」ことが必要なのだ。

本書では、別府という地方の温泉街で、日本で先進的な「混ぜる教育」を実現したAPUという大学の試みを追いかけていく。

この本の読みかた

本論に入る前に、この本の簡単な構成を説明しておきたい。

第1章　日本人学生と外国人学生を混ぜる。

APUの「混ぜる教育」は、開学前に、「学生の50%を海外からの国際学生に、その出身を50ヵ国・地域以上に、教員の50%を外国人に」という無謀とも言える開学の条件を立てたところからスタートした。第1章では、この「3つの50」を実現しているAPUの概要とキャンパスの模様、そしてAPUという大学がどうやってできたのか、その歴史を紹介していく。国内学生と国際学生が1対1の比率で混じり合い、国際学生の出身国・地域が常に80ヵ国前後という大学の様子をご覧にいれる。国内学生と国際学生とが分離しないで混ざる学生寮ＡＰハウスでの暮らしぶりに触れ、この寮で「混ぜる」文化が形作られるまでを明かす。さらにこの混ぜる大学が、なぜ立命館の本拠地である関西ではなく大分県にできたのか、どうやってこの国際大学を現実のかたちにしたのか、開学前の秘密に迫る。

第２章　授業を混ぜる。学問を混ぜる。

ＡＰＵが「混ぜる教育」を実現するうえで一番苦労したのは、入学時には日本語がほとんどできない国際学生と、英語がほとんどできない国内学生の双方を、授業で混ぜていく方法を設計し、実行し、改良することだった。

第2章の前半では、実際の授業をどうやって設計して運営しているのかをレポートする。

ＡＰＵでは、ほとんどの科目について日本語と英語の2本立てで授業を用意し、そのため教員の半分を外国人にした。一方で、国際学生と国内学生が分離しないで、徐々に混ざっていく工夫を施した。先輩学生が教員のティーチングアシスタント（ＴＡ）を務め、学生たちが互いに学び合うようにしたり、国内学生・国際学生の混成チームでプレゼンテーションする授業を行ったり。そんなAPUの「混ぜる授業」の中身に迫っていく。

第2章の後半では、2つの学部、アジア太平洋学部（APS）と国際経営学部（APM）を紹介する。アジア太平洋学部は、観光や社会、文化、環境、国際関係など、分野の異なる専門領域を「混ぜる」ユニークなカリキュラムをとっている。国際経営学部では、大分県の地元企業をはじめ、世界で活躍する地場産業を「グローバル・ニッチ・トップ」と名づけ、その強さの秘密に迫る研究を学生たちと行っているのが売り物だ。また、学部と大学院のビジネスユニットでは、日本の大学では初めて英語基準での国際認証の取得を目指し、国際標準の経営学を学べる場にしようと改革を進めている。

第3章　教員と職員を混ぜる――「混ぜるマネジメント」

APUは、その経営＝マネジメントに大きな特徴がある。APUでは、教育・研究畑の「教員」と事務方の「職員」とがタッグを組んで大学の設計から運営、学生の募集・入試から就職支援、そして卒業後もネットワークを構築し、継続している。

通常、日本の大学で「顔」が見えるのは、もっぱら「××教授」のような「教員」の方だ。ところが、ＡＰＵの場合、開学前から、教員のトップである学長と、職員出身の理事長がツートップとなり、大学づくりを行ってきた。さらに、ＡＰＵでは開学前から教員も職員も外部から積極的採用を行い、一般企業から転職してきた人がとても多い。

教員と職員が一緒に大学を創る。ＡＰＵの「混ぜる経営」は、もともと立命館大学の伝統でもあり、「教職協働」という言葉に集約される。

その立命館は、なぜＡＰＵを新たに創ったのか。立命館大学は88年国際関係学部をつくり、94年にはびわこ・くさつキャンパスをオープンするなど、80年代から90年代にかけて、矢継ぎ早に新学部、新キャンパスを創ってきた立命館にとって、ＡＰＵがどんな存在なのかを明らかにする。

第４章　大分・別府と世界を混ぜる。

実は、ＡＰＵは、大分県の名物「関サバ関アジ」「湯布院」などと並ぶ、「一村一品運動」の〝商品〟でもあった。比類なきグローバル大学が別府の田舎にでき、人口12万人の小都市別府に３０００人の日本人の若者と３０００人の外国人の若者が常に生活するようになった。別府市は若返り、国際色豊かになり、活気づいた。

「一村一品運動」の発案者は、70年代から長らく大分県の知事を務めた平松守彦氏。その平松氏が、立命館に対して「うちの県に新大学をつくりませんか？」と声をかけた。結果、APUは大分県別府市に誕生した。そして開学当初から国内学生や国際学生が積極的に地元と交わり、さまざまなイベントやNPO活動や研究や地域振興を行ってきた。国際学生たちは、出身国にインターネットを通じて大分県や別府市の情報を発信し、大分県と別府市などに協力して世界的なPRを行ってきた。イスラム教圏からの学生がたくさん在籍するAPUでは、2015年にムスリム研究センターを設立し、ムスリム市場や文化と大分県、別府市とを結びつける取り組みをスタートした。

東京オリンピックを控え、海外からのインバウンド観光客を増やすのは国と地方の共通課題だ。たくさんの国際学生たちが学ぶAPUは、日本におけるインバウンド市場のあり方とダイバーシティを受け入れる地方のあり方を示すものとして最高のケーススタディだ。

第５章　企業と大学、日本と世界を混ぜる。

ＡＰＵの誕生には、たくさんの日本企業が関わっている。日本と世界の学生を混ぜて育てる教育思想に共感し、寄付を行ったのは、グローバル化待ったなしの時代にふさわしい人材の獲得に悩む日本企業とその経営者だった。

開学前から世界中の優秀な学生がＡＰＵを進学先として選んでくれた理由のひとつは、企業からの寄付金を原資にした授業料減免の奨学金制度があったことだ。日本企業と経営者は、ＡＰＵに何を見たのか？　経営者たちへのインタビューで明らかにしていく。

開学から16年。ＡＰＵからは日本企業が夢見た「グローバルな人材」が毎年数多く羽ばたいていく。国内学生も国際学生も卒業生は日本企業にひっぱりだこ。名だたる企業に就職し、国内で海外で活躍している。彼らは卒業したあともネットワークを世界中に広げ、どこの国でもチームをつくることができる。

では、別府湾を望む山の中腹、「天空の城」と呼ばれるＡＰＵの「混ぜるキャンパス」に足を運んでみよう。

第1章

日本人学生と外国人学生を混ぜる。

80ヵ国・地域の学生が混ざる。

APUのキャンパスはアメリカの青春映画の大学のよう。

眼下に広がる別府湾。緑豊かな山に囲まれたキャンパス。

80ヵ国・地域から集まった3000人の国際学生と

日本国中から集まった3000人の国内学生が混じって

授業を受け、ゼミで発表し、クラブ・サークル活動に打ち込み、

学内イベントを仕切り、新入生をサポートし、就職活動を行う。

学生寮APハウスでは1200人の各国の学生が共同生活。

授業は日本語と英語の2本立て。教員も半分が外国人。

卒業するまでに日本の学生はグローバル感覚の国際人に。

外国の学生は日本語を駆使し日本文化を愛する国際人に。

そのAPUは、なぜ本家の立命館大学のお膝元の京都ではなく、

大分県別府市の温泉街の外れの山の中腹に新設されたのか。

「真の国際大学創りに挑戦したい」という立命館と

「地方発のブランドを創らねば生き抜けない」という大分県が

タッグを組んだ「ジョイントベンチャー」がAPUだった。

Part 1 温泉街に国際大学がやってきた

国籍、人種、文化が混ざり合うキャンパス

東京から飛行機に乗って1時間30分。九州の大分空港に着陸する。大分県別府市に向かう空港バスに乗り、30分ほどでJR亀川駅近くのバス停に到着。そこから路線バスに乗り換える。バスは、駅の裏手にある小高い山の坂道をくねくねと登っていく。15分ほどで標高約350m、東京タワーのてっぺんと同じくらいの高さまで到達する。目の前に大きな門と煉瓦色の建物群が飛び込んでくる。

羽田空港を飛び立ってからおよそ2時間半。立命館アジア太平洋大学・APUのキャンパスに着いた。噴水のある広場の眼下には、きらめく別府湾の絶景が広がる。右手の温泉

街からは湯煙が立ちのぼる。はるかかなたには太平洋の水平線。まさに「天空の城」という呼び名がふさわしい。日本でこれほど雄大な景色が見られる大学は、なかなかない。

ただし、景色を楽しめるのは晴天の日に限る。梅雨や秋口の長雨の季節にはしばしば数メートル先も見えない濃い霧が立ち込める。別府湾の湿った空気が吹き上げられたのち一気に冷やされて霧になり雲になる。霧にむせぶキャンパスで道に迷えば、学生たちが別府市街のことを「下界」と呼ぶのも納得できる。たしかに「天空」の中だ。南国九州にもかかわらず、冬にはしばしば雪が積もり、道路はアイスバーンと化し、下界との数少ない橋渡し役であるバスが立ち往生して休校になることもあるそうだ。

キャンパスには、国内学生のほかに、80を超える国や地域の国際学生が集まっている（2015年11月時点）。1回生から4回生、それに大学院生まで合わせて国際学生2916人。総学生数が5959人だから、およそ2人に1人が外国人である。

広場で我々を出迎えてくれたのは、今村正治副学長だ。

今村副学長は、留学生比率を50%、出身国数を50ヵ国以上、外国人教員比率を50%という「3つの50」の条件を開学前から掲げたAPUの開学に関わったメンバーの1人である。

立命館がこの「3つの50」という条件を打ち出して開学準備に入ったとき、多くの大学関係者は「絶対に失敗する」と思ったという。日本はもちろん世界的に見ても例がない、無謀とも言える条件だったからだ。

今村副学長は、そんな無謀な条件をクリアし、今に至るまでAPUの改革に関わってきた1人だ。1981年に立命館大学を卒業し、そのまま学校法人立命館に就職した今村副学長は、立命館勤務歴35年の生え抜き職員。1997年に新大学＝APU開設事務局の課長となり、開学準備にあたった。その後、いったん京都の法人本部に戻り、新キャンパス、新学部の計画などの企画に携わったのち、2014年APUに舞い戻って現在は副学長を務めている。日々、APUのさらなる改革と優秀な学生集めのために、日本国中から世界中までを飛び回っている。

海外からたくさんの学生を集めるAPUは、各国の現地高校や教育機関との接触が欠かせない。大学職員と教員が国・地域別のリクルーティングチームをつくり、それぞれ世界に散り、APUの魅力を伝え、優秀な学生を受け入れている。

APUという大学のユニークさは、序章でも解説したように、世界中の学生たちが「混ざっている」ことにある。

「まずは大学の中を歩いてみてください。学生の混ざりっぷりがすぐにわかりますから」

今村副学長の後ろについてキャンパスを歩く。

さまざまな国からやって来た若者たちが、混ざり合って行き来している。すれ違うたびに、英語、日本語、中国語、韓国語、タイ語、ベトナム語、ヒンディー語（全部がわかるわけではもちろんないのだけれど、おそらく）さまざまな言語が聞こえてくる。それぞれカジュアルな格好をしているが、ファッションはお国柄が出る。コーディネートや髪型や色彩感覚が、微妙に日本人のそれと違う。髪を隠したイスラム系の女学生たち。肌寒い季節なのにTシャツ1枚のアメリカ人男子。ふと香ってくる香水が外国の空港を想い起こさせる。世界中から集まった学生たちが「混ざっている」のが、キャンパスをちょっと歩くだけで体感できる。

「入学式に出席すれば、各国の民族衣装で着飾った新入生たちに出会えます。入学式は、春と秋で1年に2回あります。来てみませんか？」と今村副学長。

というわけで、入学式に行ってみた。2015年4月1日、「天空のキャンパス」から降りて、別府市の中心街からやや山寄り、巨大なモニュメントが屹立する別府市の公共施設「ビーコンプラザ」に向かう。APUの入学式と卒業式は、大学キャンパスではなく、このビーコンプラザで行う。学生たちはともかくとして一緒に出席する親御さんやそのご家族（しかも世界中からやってくる！）に、中心街から遠く離れたキャンパスまで来てもらうのは大変だ。このため入学式はあえて「下界」の別府市街でやるというわけだ。

入学式の会場入り口のホールには、アオザイ、チマチョゴリはもちろん、さまざまなサリー、ダウラスルワールと呼ばれるネパールの男性用民族衣装、その他見たことのない民族衣装に身を包んだ世界83ヵ国の新入生があふれかえっている。

カラフルな衣装の黒人女性に声をかける。どちらから？

「ケニアよ。先輩もAPUにいるわ」

渋い金色の着物に似た民族衣装をまとった男の子は、ブータン出身だ。

「今年ブータンから来たのは僕ひとりじゃないかな。最近ブータンは日本でも人気があるんでしょ？　インターネットで見たよ」

ブータンとケニアの新入生が同じ会場にいる。改めてAPUの〝グローバル化〟のすごさがうかがえる。ちなみに、親御さんは日本の大学に行くことに対して、驚いたり反対したりはしなかったのか。ブータンの新入生は笑いながら英語で答える。

「いやいや、僕はブータンで自分の会社を経営している。自分で稼いだお金でAPUに来ているから、親は何も言わないよ。『いってらっしゃい』と心よく送り出してくれた」

APUでは、彼のようにさまざまな経歴を持つ新入生が珍しくない。一度社会人を経験した人。大学を卒業してからまた学び直しに来た人……。国籍だけでなく、多種多様な経験を積んだ学生たちが集まっている。アメリカ海兵隊出身でイラク戦争に従軍した経験のあるアメリカ人学生もいるという。

入学式の会場は、ディズニーランドの「イッツ・ア・スモールワールド」のアトラクションのように、バラエティに富んだきらびやかな学生たちの晴れ姿が並んでいる。取材チームは会場入り口にいる新入生たちに声をかけ、記念撮影を行った。

その1枚が本書の帯を飾っている写真だ。この日初めて入学式会場で出会った新入生たちをその場で集めて撮った。仕込みなし。APUの入学式以外でこれだけ国際色豊かなメンバーを集めた写真を撮るには、国連総会にでも行かなければなるまい。

「卒業式も楽しいですよ。学部の卒業生も真っ赤なガウンに帽子をかぶるんです。日本に4年間いた証しにと、わざわざ着物や袴で出席する国際学生もたくさんいます。日本一カラフルな、いやもしかすると世界一カラフルな入学式と卒業式、かもしれませんね」

今村副学長は言う。私たちは2015年9月の卒業式もお邪魔した。その様子は口絵のカラー写真㉔をご覧いただきたい。

職員が学生たちと「仲良し」なわけ

今村副学長とキャンパスを一緒に歩き、入学式や卒業式に同行して気づいたことがある。今村副学長は教員ではなく事務方の職員出身だが、一般に想起される大学の副学長、大学の職員のイメージとあまりに違う。フランクで話し上手で、たくさんの学生たちが親しげに声をかけてくる。

取材チームの崎谷（2007年お茶の水女子大学卒）と柳瀬（1988年慶應義塾大学卒）が学生時代に話をしたことのある大学職員といえば、学割が必要なときや就職活動の際に大学の在学証明書をもらうためひとことふたこと言葉を交わすだけのカウンターの向こうの事務の人。学生からはかなり遠い存在だった。

職員でしかも副学長というと、「とってもお堅い」イメージがあるけれど、目の前にいる今村副学長は、そんな大学職員のイメージを「いい意味で」ぶちこわす。

キャンパスを歩いているとすれ違う学生たちが次々とあいさつをする。

学生たちと軽口の応酬を繰り返しながら、彼らの近況を把握していく。教員ならば普段から学生たちと授業で接しているから「面が割れている」のは当然だが、多くの学生たちが大学の経営や事務を担当している大学職員と面識があって、しかもとても親しい。これは取材を始めて最初の驚きのひとつだった。

「僕だけじゃないんです。職員はみんな学生たちと仲がいいんですよ。APUは世界中から集まった学生たち同士が『混ざっている』だけじゃなく、学生たちと職員たちが『混ざっている』大学でもあるんです」

なぜAPUでは、学生たちと授業で接している教員だけでなく、職員と学生の距離が近いのだろうか。実は、APUならではの学生の募集戦略に理由のひとつがあった。

学生の半数は、海外からの国際学生だ。彼ら彼女らは学部生だから、受験する際、大半はそれぞれの国の高校生である。開学してたった16年。アメリカのハーバード大のようなアイビーリーグ校やイギリスのオックスフォード大ケンブリッジ大のように世界中の誰もが知っている大学ではない。ましてや2000年の開学直前の知名度はゼロである。

では、どうやって世界中から学生を集めたのか？　職員や教員が汗をかいて世界中を飛び回り、各国の高校を中心に「営業活動」をしたのである。1997年から京都の立命館大学のキャンパス内にAPU開設事務局を設け、職員と教員からなる学生のリクルーティングチームを結成した。韓国ソウルとインドネシア・ジャカルタに事務所も設け、それぞれの国のこれはと思う高校を一校一校訪ね歩き、これから開学するAPUという大学のプレゼンテーションをそれぞれの高校の先生たちと生徒たちに行った。

「今度日本で開学するAPUという大学は、英語さえできれば日本語ができなくても入学できます。日本にいながら英語で専門科目を勉強して日本語も学んで卒業できます。海外からの学生は全員寮に住めますから、生活も安心です。さらに、進学資金のない受験生には奨学金も用意しています」という具合に。

知名度ゼロの新設大学に海外から学生を集める苦労については、第3章で詳述する。ともあれ、APUでは2000年の開学初年度から国際学生比率ほぼ50%、出身国数46ヵ国、外国人教員比率50%と、当初から掲げていた「3つの50」という条件をほぼ達成することができた。

開学前の「営業活動」は、日本の高校に対しても積極的に展開された。本家の立命館大学は全国区に知れ渡っている有名大学だが、APUは九州・大分県別府市の郊外にある新設大学だ。自らアプローチしなければ、たとえ「立命館」の名がついていようとも、高校生たちが受験してくれるとは限らない。開設事務局では、海外同様、日本全国の高校を行脚して学校説明に東奔西走した。

「職員も教員も高校に出向いて説明会を開いています。そこで興味を持ってくれた高校生が受験してくれるケースが海外でも国内でも多いのです。つまり、私たちは入学前から学生たちとつながりがある。高校まで押しかけて大学のアピールをしてきたわけですから、職員たちが彼ら彼女らと距離が近いのも当然なんです」と今村副学長は語る。

職員たちは、「うちの学生は自分たちがこの別府の山にある大学に集めてきた」と自負している。だからこそ、日常生活から就職、さらには就職してからの社会人生活に至るまで、まるで「親」のように学生たちをケアしている。職員と学生が混じり合う新しい大学のかたちがここにある。

日本語と英語の二本立て授業で日本人と外国人学生が混ざり合う

キャンパスの『混ざりっぷり』を見たら、次は授業での『混ざりっぷり』を見に行くことにしよう。教室をのぞいてみる。

大教室では日本人の女性教員が日本語で文化人類学の授業を行っていた。授業を受けている大半は日本人だが、ちらほらと外国人学生の顔も見える。

同じ棟のやはり別の大教室にお邪魔する。照明を落とした教室内のプロジェクターに観光に関する英語の資料が映し出され、カナダ人の男性教員が、英語でアカウンティングの授業をやっている。暗い教室でスクリーンを凝視している学生たちの大半は外国人学生だ。その中に日本人学生たちも混じっている。

ＡＰＵの外国人教員は、学生に負けず劣らず国際色豊かだ。学生に聞いたところ、「今日は、メキシコ人の先生とドイツ人の先生と日本人の先生の授業があって、このあとゼミに出るんだけど先生はフィリピン人です」という具合に、いろいろな国の先生が教壇に立ち、授業を行う。

ＡＰＵでは、多くの科目で英語の授業と日本語の授業が2本立てで用意されている。ユニークなのに、外国人教員の中には、英語のみならず日本語で授業を教えることのできる先生がいることだ。もちろん、海外経験豊かな日本人教員の場合、日本語の授業も英語の授業も受け持っている。

ＡＰＵが開学以来16年、海外からたくさんの学生が入学する体制をずっと続けられたのは、国際色豊かな教員たちの存在と英語で履修可能な科目とカリキュラムが整っているからだ。ＡＰＵの学生にとって、入学の必須条件の1つは英語か日本語で大学レベルの読み書きができること。国際学生は、入学時に英語がちゃんとできれば日本語はできなくてもいい。日本語については入学後にしっかり学べるからだ。

「開学して改めて気づいたのですが、アジア諸国の学生たちの中には、欧米ではなくてあえて日本の大学で学びたい人たちが今でもたくさんいます。同じアジアでいち早く先進国になった日本の経済や経営を学びたいからだそうです。けれども、日本には英語で授業を受けられる大学が非常に少ない。アジアやアフリカの優秀な学生は必ず英語ができますから、結果として海外で学びたい学生は日本を素通りして英語で学べる欧米へ向かう。ＡＰＵを開学したら予想以上にアジアやアフリカの優秀な学生が集まってきたのは、『英語で授業が受けられるならば、欧米じゃなく日本の大学に行きたい』と思っている層が多かった証拠です」と今村副学長は言う。

これまで日本の大学の学部レベルで外国人の学生の数が相対的に見て少なかったのは、英語での専門科目の授業が用意されていなかったからだ。ＡＰＵではこの点を根本から変え、教員の半分を外国人にして、授業を日本語と英語の2本立てにした。国際学生比率50％を達成できたのはその結果である。

そして、APUにいったん入学してしまえば、国内学生と国際学生はキャンパスばかりでなく授業でも次第に「混ざって」いき、日本語と英語の壁を越えていく。国際学生のほとんどは英語で授業を受けながら日本語も学ぶ。国内学生のほとんどは日本語で授業を受けながら英語も学ぶ。わざわざAPUを選んだ学生たちは、国際学生も国内学生も積極的にそれぞれの授業で混ざるようになる。

「結果、国内学生は英語を、国際学生は日本語を、専門科目や普段の学生生活の中で実践的に学びながら身につけていくわけです。APUでなければ体験できない生きた言語教育環境ですね」

国内学生と国際学生を意図的に混ぜる科目もある。国内学生と国際学生の混合チームを複数つくらせ、それぞれのチームが英語でスライドをつくり、英語でプレゼンテーションをする。学生からの質問、先生のコメントもすべて英語だ。知識量も英語力もばらばらなメンバーが互いに補い、ひとつのプレゼン資料をつくりあげ、発表までこぎつける。

APUの「混ぜる授業」の詳細については第2章で詳しく取り上げる。

学生寮APハウスは、国連以上に「混ざっている」

キャンパスで「混ぜる」。授業で「混ぜる」。さらにAPUでは、授業が終わってからも「混ぜる」場所が用意されている。キャンパスに併設された学生寮APハウスだ。

APハウスには2つの棟に全部で1310部屋があり、常におよそ1200人の学生が入寮している。APUに入学する国際学生の場合、1回生は原則として全員がAPハウスに入寮することになっている。現在55ヵ国の学生がこのAPハウスの住人だ（2015年11月時点）。国内学生の場合は、入試結果による選抜となり、新入学の国内学生のおよそ半数が入寮している。

APハウスでの生活は、学生たちにとって、ある意味で授業以上にAPUでしか得られない経験を与えてくれる。それは、世界中から集まった数十ヵ国の同世代の若者たちが一緒に暮らすという経験だ。しかも、APハウスの運営の基本は、「学生任せ」である。危機管理と施設管理は大学が行うが、寮そのものの運営は学生たちが行う。

夕方になって大学の授業が終わり、さらにサークル活動が終わると、寮生たちがAPハウスに戻ってくる。夕食は共同のキッチンとダイニングに集まって、お互いに母国の料理をつくり合うことが多い。

「毎日が、エスニック料理大会みたいです」と滋賀県出身の新入の女子学生が語る。

「困るんですよね〜、私たち、べつに日本料理がうまいってわけじゃないから」

「あ、でもさ、バーモントカレーでカレーつくったら、みんなに喜ばれたよね、おいしいって！　本場インドの学生たちにバーモントカレー、ウケるとは思わなかった」

中華料理を振る舞う中国人女子2回生が振り返って、日本語ですらすら答える。

「私だって、別に最初は料理がうまかったわけじゃないんです。中国の家庭ってスパルタで勉強させる代わり、家で料理とか掃除とかいっさい教えないんですよ。私の家もそうでした。だから中華料理の腕はここで磨きました。ＡＰハウスでは毎日みんなで料理をつくり合うから、すぐにうまくなるんです。食べさせる相手がいると、料理ってやっぱりやる気になるよね」

ＡＰハウスのキッチンとダイニングは、誰かの誕生日パーティの会場になることもあれば、そのまま食事が終わったあとの学生同士の明日の予習ルームにもなる。時には熱い討論の場所にもなるし、〝恋バナ〟で盛り上がるカフェにもなる。壁には、フロアの住人の写真と一言を添えた自己紹介カードがぺたぺたと貼られており、見ているだけで楽しい。

2015年10月のある日。筆者（崎谷）は、大学院生たちが暮らすフロアに泊めてもらった。夜10時が毎日恒例のキッチン掃除の時間だと聞いたので、キッチン・ダイニングに顔を出してみる。なるほど、ゴミはきちんと分別されているし、流しもピカピカに磨き上げられている。寮を仕切るレジデント・アシスタント＝RAというリーダーの呼びかけで手早く掃除を終えたあとは、ダイニングで思い思いの時間を過ごす。

小腹が空いてトーストを焼くもの、翌日の授業のプレゼン資料をつくるもの、実家から送られてきた土産を配るもの……。

好奇心旺盛で、いつも変化のあるAPUの生活に順応している彼ら彼女らは、筆者のような見慣れないゲストにも驚かない。次々と、親しげに英語で話しかけてくれる。

「めずらしい時期の新入生だね。あ、違うんだ。APUのことを取材しているって？　じゃあ、僕のことをぜひ書いてほしい。こんなかっこいいウズベキスタンの学生がいたってね」

「東京から来たの？　あたし、今度、友人を訪ねて東京に行く予定なの。楽しみだわ。シブヤは毎日、お祭りみたいに人が多いんですってね」

「一晩しか泊まらないなんて、もったいない！　1週間、いや、1ヵ月はいてほしいな。

そうしたらここの良さがもっとわかるはず。あ、みかん食べる？　日本のみかんって、オレンジと違ったおいしさがあるよね」

ダイニングにぼおっと立っているだけで、食べ物や飲み物をたくさんもらい、親切なことにお風呂用のタオルまで貸してもらった。男女混合のフロアで、国籍も多様。グローバルであるからこそ和気あいあいとした健全な雰囲気が保たれている。共有スペースを大切に使う、自分で使ったものはしまう、順番を守るなど、集団生活を送るうえでのルールが、押し付けがましくなく存在している。これはきっと開学以来から少しずつ築き上げられてきた、「あたたかな秩序」なのだと思った。

それより半年ほど前、２０１５年4月2日、入学式の翌日にＡＰハウスを訪れると、キッチンに日本人女子４人学生が並んで洗い物をしている。なんとなく初々しい。声をかけてみると入学したばかりの１回生だった。

「入寮する前は、初めて親元から離れるのでちょっと心細かったけど、ここはみんなと話せるし、これからいろいろな国の学生と友達になっていくことを考えるとワクワクしてる」

「このキッチンがまさにＡＰＵの環境を生活の中で感じられる場所。日本人の友達とこうして気軽に集まれる場所があるのはすごく気楽だし、一緒に料理をするのも楽しい。でも、まだ私たち、先輩たちみたいに国際学生と気軽にコミュニケーションとれてないよね」

「だよね」「うんうん」

まだ日本人の殻を破りきっていない彼女たちだが、すぐにAPハウスの多様な国際学生たちと混じるだろう。というのも、そのための場所が用意されているからだ。

それは「部屋」である。

APハウスの相部屋は、グローバル化への第一歩

APハウスでは、個室とシェアタイプの部屋があり、シェアタイプの場合は2人1部屋体制で、必ず国内学生と国際学生が同居することになっている。たとえばフィジー人と東京出身の日本人の男の子の部屋、福岡出身の女の子と香港出身の女の子の部屋、という具合に。

部屋ごとにインタビューをしてみよう。まずは女子2人部屋から。新入生（取材当時）の光野桃代さんと香港出身の2回生（取材当時）の楊さんだ（カラー口絵7ページ⑨）。

「高校3年のときにAPUのオープンキャンパスに参加したんです。世界中から人が来て

いてまるで外国にいるみたいだと驚きました。日本にいるのに留学しているような経験ができそうだと思い、入学を決めたんです」（光野）

「香港の高校生だった頃、日本のドラマを見て、『嵐』のファンになっちゃって日本に留学したいとずっと思っていました。短大で日本語を勉強して、そこで日本語でも英語でも授業が受けられる大学がある、と聞いたんです。APUのことでした。よし、この大学へ行こう！と思って受験したんです」（楊）

「最初APUに来たときは、すっごい田舎に来たなあ、と思いました（笑）。大学からバスに乗って麓に降りる途中、耳がつーんとして、ああすごい山のてっぺんにある大学なんだ、と実感しました」（光野）

「APハウスの住み心地は最高！　いろんな国の友達がいっぱいできて毎日が楽しい。みんなで毎晩料理して食べるのがいいですね。この前はフロアの寮生全員でお好み焼きパーティをしました」（楊）

「2人で部屋にいるときは、ついつい日本語でしゃべっちゃうときが多いかな。だって楊さん、日本語上手なんだもん。APUに入学したからには、早く英語でしゃべれるようになりたいです。あ、楊さんから中国語も教わりたい！」（光野）

「私は韓国語とタイ語をマスターしたいなあ。大学を卒業したら、香港に進出している日本企業で働きたいですね。一番の希望は客室乗務員になること！」（楊）

「えー、私も同じです！　英語力を生かして、航空会社のキャビンアテンダントやグランドスタッフになりたいと思っています」（光野）

取材したのは2015年4月1日の入学式の翌日。2人が同室で暮らすようになってまだ1週間。すでに10年来の友人のようである。

続いて男子部屋に入ってみる。出迎えてくれたのは、伴優一さんとフィジーからやってきたサンカイトゥ・コヌシさん（カラー口絵7ページ⑧）。2人とも新入生（取材当時）だ。ちなみにコヌシさんはまだ日本語ができないので英語で話している。

「中学2年のときに、APUのイングリッシュキャンプに参加して、もうそのときから絶対APUに行こうと決めていました」（伴）

「高校2年のときにAPUの話を先輩から聞いたのがきっかけなんです。フィジー人、僕以外に14人もいるんですよ」（コヌシ）

「いま、コヌシくんがひらがなの勉強をしてるので、手伝ってます」（伴）

「お返しにフィジー語を教えてあげよう。ブルビナカ！」（コヌシ）

「え、何それ、ぜんぜんわからん」（伴）

「ブルビナカ、は、ハロー、の意味だよ」（コヌシ）

「よし、フィジー語、ひとつ覚えた」（伴）

「僕はアジア太平洋学部（ＡＰＳ）で持続可能な環境開発について学び、それを自国のために生かしたいと思っています。いま、フィジーでは海面上昇や水質汚染の問題が起こっています。将来は国連などで働きたい」（コヌシ）

「国際経営学部（ＡＰＭ）でマネジメントを学ぼうと思っています。親が会社を経営しているので、将来はそれを継いで、日本だけでなく海外にも事業を広げていけたらと考えています」（伴）

こんな具合に１人当たり約13㎡の小さな相部屋はＡＰＵの「混ぜる教育」の実践の場所でもあるのだ。

「1年間異国の者同士が一緒に暮らすわけですから、当初はぎくしゃくしたりもします。国際学生のほとんどは日本語ができないし、日本の学生も帰国子女でもない限り受験英語しか知らないから、お互い簡単な意思の疎通だってうまくできない。生活習慣も食習慣も宗教も違う。時間に対する概念も、約束に対する重さも違うんですよね。時には喧嘩になりますし、時には険悪になることもある。でもそこで止まらないで、自分たちで話し合って生活の中で折り合いをつけ、お互いを理解していく。何が正しいかじゃなくてどうすればお互い納得できるか、と答えを見つけていく。APハウスでの生活は、異文化コミュニケーションの最高の勉強の場なんです」(今村副学長)

学生リーダー「RA」が、APハウスの経営者

APUを開学するにあたって、各国の学生が一緒に暮らす学生寮=APハウスの設置は当初から計画されていた。大学が街中から遠く離れた別府の郊外の山の中にあり学内に学生寮を置いた方が便利だから、ということもあったが、もっと積極的な理由があった。欧米の場合、多くの大学が街から離れた郊外にあり、学生たちが大学に併設された学生寮で暮らすのは当たり前だ。APUもそれに倣ってさまざまな国の学生たちが一緒に暮らせる学生寮を用意しようと考えたのだ。

そのうえでさらに決めなければいけないことがあった。誰がこの学生寮を運営するか?

その昔、学生寮は学生自治の象徴だった。戦前の旧制高校の学生寮がそうだ。作家北杜

夫の自伝的エッセイ『どくとるマンボウ青春記』には、旧制松本高校の学生寮での蛮カラで自由で哲学的な旧制高校生たちの生活ぶりが実に魅力的に描かれる。

学生寮は学生運動などの拠点にもなった。学生運動が盛んだった1960年代から70年代の学生寮は、大学によっては過激派学生のアジトとなったところもあった。

APUでは、開学当初から学生の半分を海外からの国際学生とし、50ヵ国以上から集めてきた。学生寮に入るのは日本での生活に縁のない国際学生たちが大半だ。母国語も文化も違う。宗教も主義も違う場合があるだろうし　母国同士が紛争中だったり、国同士の仲が急速に悪くなっていたりする人たちが、一緒に暮らすことだってあり得る。

どう運営するのがベストか。いちばん簡単なのは大学側が学生寮を運営し、学生を統率するやり方だ。けれども、議論を重ねたうえで、開設事務局では、大学が学生寮を直接管理する道をあえて選ばなかった。

「いくら多様な学生を集めてきても、みんなが暮らす学生寮を大学がコントロールしてしまったら、文化的な多様性を体で受け止め、自分の力で真のグローバリゼーションに対応できる学生は育たないんじゃないか、と思ったんです。もともと立命館大学には昔から先輩が後輩の面倒をみる校風が強くありました。最後の一押しは、この立命館の伝統でした」

と今村副学長。

そんなわけで、APハウスは開学当初よりその運営を学生たちに任せることにした。ただし、まったくのほったらかしというわけではない。大学では、学生たちが寮生活をスムーズに営めるよう、あらかじめいくつかのルールを決めておいた。まず、さまざまな国からやってきたさまざまな出自の学生たちが孤立しないよう、そして出身国ごとに固まらないよう、シェアタイプの2人1部屋に国内学生と国際学生をペアにすること。さらに、学生たちが寮を自主的に管理できるようにするために、レジデント・アシスタント＝RAという役割をつくったことである。

RAはAPハウスにおける学生の運営リーダーである。寮生の中から、各セメスターごとに24～30人が書類と面接で選ばれ、総勢約60人のRAが寮を運営する。RAはリーダーとして寮生を率い、新入生とりわけ日本の土を初めて踏んだ人がほとんどの国際学生たちの生活を徹底的にフォローする。

APハウスでトラブルが起きるのは、たいがい4月と9月の新入生が入ってくる時期である（ちなみにAPUは海外からの学生が多いため9月入学の学生が多数いる）。というのも、国や地域によって、トイレの使い方も、風呂のシャワーの使い方も、ゴミの捨て方・

分別の仕方もずいぶん違うからだ。「ゴミ捨ては学生のやることじゃない、専業の人の仕事だ」と思っている国の学生は案外多かったりする。また、トイレのシャワー機能の使い方がわからなくてトイレ中を水浸しにしてしまう、というのも新入生が慣れていない時期の恒例行事であるという。

そこでRAの出番である。新入生たちに対して文字通り1から「日本の生活の常識」を教えていく。人数が少ない国の国際学生やシャイで打ち解けにくい学生が「ひとりぼっち」にならないようなケアもRAの仕事だ。

APUによれば、学生任せのAPハウスの運営がうまくいったのはRAの仕組みが機能したからだという。このためRAは、APハウスの中だけでなく、キャンパス内でもリーダー的な存在と見なされる。

「日本に初めて来たときはとても不安だったけれど、RAの先輩がとてもやさしくてなんでも教えてくれたから大学のことも日本のこともすぐに好きになりました」

そんな話を複数の国際学生から聞いた。

APハウス住まいの学生たちは、RAの名前はもちろんキャラクターまでをみんなが知り尽くし、尊敬している。このため入寮した学生の多くが「2回生になったらRAになりたい！」と口にするようになる。

ネパール人の国際経営学部3回生（取材当時）、アイシュワリャ・カンサカールさんは2回生のときにRAを務めた。ネパールにやってきた職員たちによるプレゼンテーションを聞き、「APUに進学したい！」と思って来日した彼女。日本語がまったくわからなかった自分を受け入れてくれたAPハウスでの生活は一生の宝物になったという。

「私だけじゃなくて、新入生はだいたい日本語ができないんですけど、先輩のRAがいろんなことを教えてくれるんです。異国の地ですごく感じていた不安が、この寮で暮らすことで消えました。私も2回生になったら後輩たちを助けたい！　そう思って2回生のときにRAに応募したんです。『世界祭』という寮のイベントでは、料理大会やダンス大会など、それぞれの国の特色を生かしながら寮のみんなに参加してもらいました」

別府の温泉街を学生たちがリノベする

アジア太平洋学部3回生（取材当時）の大根田健太さんは新入生である1回生の秋からいきなりRAになった。

「高校時代、東京のインターナショナルスクールに通っているときにAPUの人が企画したサマーキャンプに参加して、APUの先輩たちのかっこよさにやられちゃいました。日本人だけじゃなくスリランカ人や中国人やいろんな国の先輩たちが『APU、面白いよ！』と話してくれる。こりゃもう行くしかない、と思ったんです。大学に合格してAPハウスに入寮したら、今度はRAのリーダーシップにやられました。やられてるだけだと悔しいので、僕もやってやろうと決意して、1回生の秋にRAに応募したら、なんと合格したんです。40人のフロアの学生たちをまとめる仕事をやりました」

大根田さんは現在2つのプロジェクトを別府市内で始めている。

その1つが「SNACKS」。

「別府は温泉街でいわゆるスナックのような飲食店がいっぱいあるんですが、とある区画に使われなくなったスナックがあって、アルバイトをしていたホテルの社長がそのエリアのオーナーでもあったんですね。社長に『好きに使っていいよ』と背中を押され、APUの仲間たちに声をかけて、埃まみれのスナックを学生たちで綺麗に掃除をして、そこでコンサートを開いたりイベントをやったりしています。先日はミャンマーの学生たちを中心にミャンマー会というイベントを開きました。ミャンマーに行きたい人、あるいは行ったことのある人たちを集めて、他では開けない濃いイベントになりました。商店街がさびれる〝シャッター商店街問題〟は別府でも起きています。そんなシャッター商店街の一部を、APUの学生たちがイベントスペースとしてお金をかけずにいろいろなことをしたら、新しいタイプの地域振興ができるんじゃないか、と思っています」

もうひとつ進めているプロジェクトが「ベッピング」。

「新入生たちを先輩学生たちが別府の街のツアーに連れて行く。温泉だけで200もありますからね。別府という街を好きになってもらうわけです。これも地元の振興と連動するプロジェクトです」

大根田さんが典型だが、APハウスのRA経験者は、大学内での活動はもちろん、地域でのボランティア活動を展開するなど、学校の枠にとどまらないリーダーシップを発揮する人が多いという。さきほどのネパール人のカンサカールさんもRAをやりながら、授業のアシスタントであるTA＝ティーチングアシスタントを兼務している。また、自国ネパールの巨大地震で多くの犠牲者が出たときに、復興支援の募金活動を立ち上げて約480万円の募金を集めた。

APハウスはAPUにとってなくてはならない存在となっている。とはいうものの、

2000年の開学から数年は、試行錯誤の連続でトラブル多発だったという。

「イスラム教徒の国際学生はラマダンの時期になると昼間は断食します。お腹が減るのはつらいですから、昼の授業がない時間はAPハウスで寝てやりすごし、日が暮れてから起き出して食事をとる。このためイスラムの学生たちはラマダンの時期は宵っ張りになり、非イスラム教徒の学生たちと生活リズムが合わなくなる。おい、早く寝ろよ、うるさい、こっちはさっき起きたばかりだ、と喧嘩になったりします」(今村副学長)

またゴミの分別をしない国から来た学生は、アルミ製の缶もガラス瓶も生ゴミもまとめて捨ててしまい、日本の学生に怒られたりする。

インドから来た学生のなかには、自分の部屋をまったく掃除しない人がいたりする。カースト制度が残っているインドでは、掃除は別のカーストの仕事だったりするからだ。けれどもAPハウスでは、誰もがみんな掃除をやらなければいけない。かくして、掃除をしない学生はハウスのなかで怒られる羽目になる。

別府といえば温泉だが、たくさんの人たちが大きな湯船にみんな裸で入る公衆温泉が初体験という国際学生は数多い。外国から来た学生のほぼ全員が日本流のお風呂利用法を知らない。放っておくと湯船の中に石鹸やシャンプーを持ち込んで体や頭を洗ったりする。

かくして温泉で地元のおじいちゃんに「お前ら、風呂の入り方を知らんのか！」と怒鳴られたりする。

いずれのトラブルも「文化の違い」「習慣の違い」が原因であり、解消するには「日本での生活の知識」をちゃんと教えていくしかない。ＡＰハウスの先輩たちが、数々のトラブルひとつひとつに向き合いながら後輩たちに「正解」を教えていき、寮の中でのルールにしていく。そのリーダー役がＲＡというわけだ。

「ＡＰハウスが、ＲＡの手でスムーズに運営できるようになるまでに開学から3〜4年かかりました。大学が上からコントロールするかたちでＡＰハウスを運営していれば、もっとたやすくトラブルをなくしていけたかもしれません。でも、遠回りの道だったかもしれませんが、ＡＰＵでは、あえて学生たちに自分たちで解決させるやり方を選びました。結果として大正解だったと思います」と今村副学長は当時を振り返りながら語る。

「企業の採用担当者からは、ＡＰＵの学生たちについて『コミュニケーション能力が圧倒的に高く、どんな環境でもすぐに対応できて、ハードな仕事の現場でも音を上げない人が多い』と評価されます。こうした学生気質は、ＡＰハウスの運営を彼らに任せたことで醸成された部分がとても大きい、と思っています」

別府という温泉街だからこそＡＰＵは羽ばたけた、と糸井重里さん

さまざまな国の学生たちが混ざり合うＡＰＵのユニークさに早くから注目していた人がいる。糸井重里さんだ。

人気ウェブサイト「ほぼ日刊イトイ新聞（ほぼ日）」を主宰する糸井さんがＡＰＵを知ったのは２０１３年のこと。立命館大学が次なる新学部の構想準備をしていたとき、今村副学長が糸井さんのところを訪れて、構想に関して意見を聞きに行ったのが発端だ。今村副学長が開学前から参画していたＡＰＵの話をした瞬間、糸井さんはＡＰＵに非常に強い興味を覚えた。覚えただけではない。数ヵ月後の２０１３年7月、糸井さんは単身ＡＰＵを訪れ、さらに10月にはほぼ日のスタッフを引き連れて別府に向かい、２日間にわたってスタッフとともにＡＰＵの学生生活を体験したのだ。

大学内を歩き回り、一緒に異文化理解や日本語の授業を受け、教職員や学生とのディスカッションなどを行った。

後述するが、その後、糸井さんと「ほぼ日刊イトイ新聞」はＡＰＵと一緒にさまざまな

企画を実行する。

２０１５年2月21日には、ＡＰＵとタッグを組んで「活《い》きる場所のつくりかた。」というイベントを行い、インターネットで発信した。このイベントについては改めて第5章で触れるが、3組のＡＰＵ卒業生が経営するＮＰＯが登壇し、「混ぜる教育」のいわば成果発表を行っている。２０１５年6月27日には、ＡＰＵの学生たちに招聘され、糸井さんは東京大学大学院理学系研究科の早野龍五教授と東日本大震災に伴う東京電力福島第一原発事故とそれに伴う放射能の問題について学生たちと議論する「知ろうとすること／Knowing What to Know in APU」に参加した。２０１６年2月21日には、やはり糸井さんは早野教授とＡＰＵの学生たちとで沖縄科学技術大学院大学（ＯＩＳＴ）まで行き、ＡＰＵとＯＩＳＴの両大学の学生らによるシンポジウム「ＦＵＴＵＲＥ　ＷＡＴＣＨ　未来をつくる！」にコメンテーターとして参加している。

初めてＡＰＵのキャンパスを訪れ、夜は地元の人たちに別府の路地裏を案内してもらった糸井さんは、なぜ国際学生比率が50％のグローバルな大学が、東京や京都でなく九州・大分・別府の温泉街の郊外で花開いたのかなんとなくわかった、という。

「温泉街、というのがポイントです。温泉とグローバルって相性がいいんです、たぶん。

グローバルって言い方を変えれば、みんなよそ者、ってことでしょう。温泉街って、昔から傷ついた人や他にいられなくなった人が逃げ込んでくる場所です。異端の人をあっさり受け入れ、過去を聞かずに、かくまってくれる。そんな温泉街の妖しさ、やさしさ、懐の深さは、今の別府にも感じられます。温泉街は、ある種のアジール（聖域、避難所）なんです。だからこそ、異質な文化を持つ留学生が大量にやってきても、それに驚いて排除したり無視をするのではなく、まるごと受け入れてくれたのではないでしょうか。異質なひとや文化も混ざり合える。それが別府の街です。別府の温泉文化があったからAPUも学生たちもうまく混ざることができたんでしょう」

Part 2　立命館が注目した「アジア太平洋学」

「留学生が全学生の半分」を「目標」とせず「開学の条件」とした

「学生の50％を留学生に」「50ヵ国以上から学生を集める」「教員の50％を外国籍に」

ＡＰＵという大学を特徴づけるのが通称「３つの50」だ。ちなみに現在は80ヵ国前後から学生が集まっている。それにしても、この「３つの50」をＡＰＵが達成できるようになったのは開学からどのくらいたってからだろう？

実は２０００年の開学の時点ですでにこの「３つの50」はほぼ達成されていた。ＡＰＵにとって「３つの50」は将来の目標ではなく、開学の最低条件だったのである。

日本の大学で「３つの50」を果たしているところはおそらく他にほとんどないだろう。

つまり日本の大学界では常識はずれの「条件」なのだ。APUのコンセプトが世に知られるようになった開学直前の90年代後半に「3つの50」構想を聞いた日本の大学関係者のほとんどが「そんなことは不可能だ」と考えた。当時の文部省も「何を考えているのか」と渋い顔をした。開設事務局に配置された立命館の現場のスタッフたちですら、本当に実現できるのか見当もつかなかった。

けれども、一見無謀に思える目標に見えるが、論理的に考えれば「3つの50」は、真のグローバル大学になるための前提条件だった。大学を開学してからだんだん実現していく目標ではなく、むしろ最初からこの3つの条件をいっぺんに満たしてしまう。でなければ、「学生の50%を留学生に」という大学は実現できなかったのである。

ここでAPUの開学に尽力し、初代学長を務め、現在は立命館名誉役員の坂本和一氏に話を聞こう。

なぜ、「3つの50」はAPUの開学後の目標ではなく開学時の条件となったのか?

「常識的に考えれば、留学生比率30%くらいを目標にして、まずは全学生の10%が留学生、といったところから大学のグローバル化を図るでしょう。でもそのやり方ではおそらく永遠に留学生比率50%は達成できない。なぜならば、一定数以上の留学生が日本の大学で学ぶためには、日本語で開講される科目とは別に、英語で開講される科目が同じ数だけ必要となります。海外の高校生で日本語ができるひとは限られていますからね。すると、将来、留学生比率を50％にしたかったら、最初から日本語と英語の授業を今のAPUのように両方用意しておく必要があるわけです。でも、そんなこと、あとからできると思いますか？」

たしかに。研究が主体の大学院においては、留学生が多い大学は存在する。また、国際系の学部に限って留学生が多いという大学もある。しかし、4年制の学部生全体の正規留学生比率が50％を超える大学がないのは、授業で使用される「ことば」の問題があるからだ。すべての科目に英語の授業を用意しない限り、海外から日本の大学に留学してくれる人数はがくっと減ってしまうはずである。

「だから日本語と英語の授業を2本立てで用意するために、最初から外国人教員比率を50％に、という条件をつけたわけです。このため、開学にあたっては、外国人教員を世界中からリクルートしました」と坂本氏。

最後の50は、「50ヵ国以上から学生を集めること」。これまでにAPUは世界137ヵ国・地域の学生を受け入れ、現在は約80ヵ国・地域の学生が在籍している。なぜ、最初から50ヵ国、という高いハードルを設けたのか。坂本氏は言う。

「こちらも最初からいろいろな国々から留学生を集めると決めておかないと、どうしても中国、台湾、韓国と日本の近隣国・地域からの留学生ばかりになってしまう。実際、留学生の比率が高いといわれる大学の内訳をみると中国人と韓国人が大半というケースは少なくありません。近隣の国の出身者だけが集まる大学が、真の多文化環境の大学とは言えません」

だからこそ留学生の出身国50ヵ国以上、というAPUの開学時の目標は、本当にグローバルな大学を創るうえで必須だったのだ。

改革のデパート立命館――矢継ぎ早の新学部設置の先に

APUは、立命館大学の本拠地である京都から遠く離れた、九州は大分県別府市の山の中にある。なぜ立命館は縁もゆかりもないところで、APUのようなグローバル大学を創ろうと思い立ったのか。

APUの計画が立命館の中で具体化したのは、1994年から95年にかけてのことだ。バブル景気が崩壊した時代であり、インターネットが萌芽し、ウィンドウズ95が発売されて一大パソコンブームが巻き起こる、ＩＴ黎明期でもある。

実は立命館が新学部の設置などの大学改革に動き出したのは80年代に遡る。当時、附属高校の男女共学化と附属高校の増設を決め、大学の教育改革を始めたのだ。80年代後半から現在に至るまで、立命館大学は矢継ぎ早に新しい学部を各地に設置していく。その流れをざっと追いかけてみよう。

１９８７年、理工学部に情報工学科が設置される。
１９８８年、国際関係学部が設置される。
１９９４年、びわこ・くさつキャンパスが、琵琶湖畔の滋賀県草津市に誕生、理工学部が移転し、生物工学科、環境システム工学科などが設置される。また、京都・衣笠キャンパスに政策科学部が設置される。
１９９８年、経済・経営学部を京都・衣笠キャンパスからびわこ・くさつキャンパスに移転。

ＡＰＵの構想と開学は立命館大学が他大学に先んじて大学改革を進める流れの中で起き

た。94年に構想され、95年に計画が公表され、2000年に開学した。キャンパスどころかコンセプトすら存在しないゼロの状態から7年で開学したわけである。

その後も立命館大学は改革の手綱を緩めず現在に至っている。2004年には情報理工学部、ロースクールを設置。2006年には朱雀キャンパスを開設し、2007年には公務研究科および映像学部を設置。2008年には生命科学部・薬学部を設置。2010年にはスポーツ健康科学部を設置。2015年には大阪いばらきキャンパスを開設し、2016年には、総合心理学部を設置。細かな学科レベルでの改革は、毎年のように行っている。

立命館の改革の流れを見てみると、同大学が「時代の変化」にまるで一般企業の事業拡大のように対応してきたことがよくわかる。コンピュータ・IT系、バイオ・生命・健康系、国際・グローバル系の3分野に新しい学部を展開しているからだ。APUは、立命館の大学改革3つの柱のうちの国際・グローバル系の一翼を、国際関係学部と並んで担っている。

なぜ立命館大学はここまで矢継ぎ早に大学改革を進めてきたのか。「関関同立」(関西大学、関西学院大学、同志社大学、立命館大学)のひとつに数えられ、全国区の有名私立大学だ。同時期に慶應義塾大学が神奈川県藤沢市にSFC＝湘南藤沢キャンパスを開設し、環境情報学部と総合政策学部を設置したのは有名だが、立命館ほど多彩な学部を設置し、そのうえ新キャンパスを4つもつくった大学は全国を見渡してもほかにない。

一連の改革のきっかけは、強い危機意識と起業家的な精神が大学の中から湧き上がったからだという。かつて立命館は、関西の私立の中では偏差値は高いのに学費が安いことで人気を集めていた。しかし70年代後半から80年代前半にかけて受験生の間で立命館の人気が徐々に下がっていった。60年代以降「学生運動が激しい大学」というイメージがついてしまっていたからか、どうも立命館の名が企業の中でも芳しくない。その結果、就職が芳しくないと受験者数にも影響が出る。

危機感を多くの教職員が共有するようになり、「新しい立命館をつくりあげよう」という気運が巻き起こった。そして、立命館大学の内部には、そんな気運を束ねて前に進むリーダーが教員と職員の双方にいた。のちにAPUの初代学長となる坂本和一氏と、職員出身の理事長となる川本八郎氏が、その代表格である。

89年、「アジア太平洋の時代」というコンセプトが生まれた

改革の一矢は1988年に設置された国際関係学部だった。

立命館の創始者は、明治の元勲の1人にして総理大臣経験者の西園寺公望である。西園寺はパリに留学するなど当代きっての国際人だった。その西園寺が明治維新の翌年の1869年に京都御苑の中に創始した「私塾立命館」が立命館の源流である。

第二次世界大戦後、現在に受け継がれる民主主義的な立命館の思想をかたちづくった末川博総長も、就任演説で『西園寺公望が、自由主義を標ぼうして建てた立命館の名を継ぐものであって本来民主自由の精神を立学の精神とするものといってもよいのである。』と述べた。このように立命館には建学以来、グローバル化の夢が眠っていた。その最初の答えが88年の国際関係学部の設置というわけである。

ただ、普通に考えれば「国際」の冠をつけた新学部ができたのだから、大学としてのグローバル教育対応はこれで一段落、となるはずである。けれども、立命館はさらに95年にAPUの構想を具体化し、新大学設置準備委員会を発足させる。しかも当初から単なる「国

際大学」ではなく、「アジア太平洋」を視座に置いた大学を創る、というユニークなポリシーを打ち出していた。なぜ、国際関係学部をつくったうえで、ＡＰＵを新設したのか。坂本氏は言う。

「88年に設置された国際関係学部は恒常定員１６０人のこぢんまりとした規模でした。この学部をつくったことで、大学のグローバル対応はこれで一段落、ではなく、むしろこれをきっかけにたくさんの外国人が学びにくるもっと大規模なグローバル化を図る大学をつくらなければならない、という問題意識が立命館の中に生まれたのです」

国際関係学部をつくってから1年後の89年3月、立命館では「21世紀の立命館学園構想」という委員会文章を発表した。この文章の中で、実はすでに「アジア太平洋」というコンセプトが語られている。

構想では、社会科学系再編・拡充、キャンパス・理工拡充、国際化、財政の４つの方向性が示されている。そして、文章の冒頭にはこんな一文が載っていた。

「『グローバリゼーション』の中で、大学もまた単なる『教学の国際化』の域を超え、アメリカの大学の日本進出とともに、アジア・太平洋地域からの留学生の飛躍的増大などによるアジア・太平洋地域をにらんだ『大学自体の国際化』の時代を迎えることになろう」

この文を執筆したのは当時立命館大学の教学部長を務めていた坂本氏である。委員だった坂本氏は、経済学者という立場から、このときすでに欧米志向の国際化からアジア太平洋志向の国際化にシフトする時代がやってくると見越していた。

「これからはアジア太平洋の時代だから、アジア太平洋を念頭に置いた大学づくりをしなければならない、とその委員会文章の冒頭に書き記したんです。ちょうどこの年、『APEC＝アジア太平洋経済協力』が、日本、韓国、アメリカ、オーストラリア、カナダ、ニュージーランドとASEAN諸国の12ヵ国の間で設立されました。今後世界の経済の中心にアジア太平洋地域、とりわけこの時点ではまだ途上国だったアジア各国が急成長するだろうな、と見通したのです。ならば21世紀の日本の大学は、そんなアジア太平洋のために役立つ大学でなければならない。私はこの文章でそう主張したんです。もっともこのあとにアジア太平洋大学を創って自分が初代学長になるとは夢にも思っていませんでしたが」

坂本氏らが「21世紀の立命館学園構想」をしたためた時点では、APUはまだ影も形もない。けれどもこのとき生まれたアイデアが小さいけれど確かな核となり、このあと起こるいくつかの偶然を巻き込み、アジア太平洋の大学としてAPUの誕生につながっていく。

90年代に入ると立命館大学は、理工学部の移転と拡充を目的に、大型公私協力を受けて滋賀県草津市に「びわこ・くさつキャンパス（通称　ＢＫＣ）」をつくることになった。開設予定は94年。創立以来１００年弱京都にあった立命館が初めて京都の外に出ようとしていた。

とはいうものの、琵琶湖畔の草津市は京都から目と鼻の先で、京都から通える距離だ。なぜ、さらにそれから6年後に誕生するＡＰＵは、立命館とは縁もゆかりもない遠く離れた大分県別府市の山の中に誕生したのだろうか？　１人のキーマンがいたからだ。

「関さば関あじ」「ＡＰＵ」大分の一村一品運動が大学を創った

唐突だが、大分県と聞いて何を思い浮かべるだろうか。

大分にはご当地名産品がたくさんある。「関さば関あじ」や「城下かれい」が大分だ。温泉には「別府」もあれば「湯布院」もある。牛肉では「豊後牛」が有名だ。焼酎ブームの発端となった「大分むぎ焼酎」もある。三和酒類の「いいちこ」は全国ブランドだ。近年ブームとなった「かぼす」や「ゆず胡椒」はどちらも大分発祥である。いずれもその地域でなければとれない海産物、生産できない食品、経験できないサービスが「人気商品」

となっている。

これらの名産品が全国ブランドとして人気を博すようになったのは、大分県で「一村一品運動」という地域ブランド戦略があったからだ。その仕掛け人が1979年から2003年まで24年間大分県の知事を務めた平松守彦氏である。

大分県出身で60年代に通産省官僚として日本のコンピュータ産業の発展に寄与した平松氏は、79年に地元大分県の知事に就任すると、翌80年から地域ごとに名産品をつくり、地方発のブランドに仕立て上げる「一村一品運動」を発案する。

その結果、メジャーになったのが「関さば関あじ」であり「湯布院」である。いずれも老舗の風格があるが、大分の産品や観光地が全国区のブランドになったのは80年代以降だからけっして歴史あるブランドではない。それまで地元の人たちだけが知る物産やサービスを改めて都会の人たちに買ってもらう。平松前知事が考案した一村一品運動は、単なる地域おこしを超えたきわめて先進的なブランド戦略であった。

そんな平松前知事が大分県のさらなる活性化に不可欠なものとして、照準を定めたのが「大学」の誘致だった。

大学自体はすでに全国どこにでもある。大分県にも県庁所在地の大分市に国立の大分大学がある。では、平松氏が求めた大学とはどんな大学か？

当時の資料や関係者によれば、一村一品運動のコンセプトに従い、従来とまったく違う新しい大学であること、大分県がアジア諸国と近いことから大分県とアジアとをつなぐ役目を果たしてくれる大学であること、そんな大学像が当初から平松氏の中にあったようである。そもそも「一村一品運動」のキャッチフレーズは、「ローカルにしてグローバル」であった。以上のイメージを総合すると、そう、いまのＡＰＵのコンセプトとつながっている。ＡＰＵの生みの親は、立命館大学だけではない。いまキャンパスのある大分県もまたＡＰＵの親だったわけだ。

いずれにせよ、新しい大学そのものはその時点の大分県内には存在しない。それが既存の地方名産品をブランディングした一村一品運動と異なるところであった。平松前知事は自ら動くことにした。

94年1月。京都の立命館大学に手紙が届いた。送り主の名は大分県知事平松守彦。中に入っていたアンケートにはこう記されていた。

「貴大学は、他県に学部ないし新大学を移転ないし新設する計画をお持ちでしょうか？」

平松前知事は、大学改革に乗り出して勢いに乗る立命館大学にアプローチしたのだ。

88年に国際関係学部を設置して国際化に歩みだした立命館は、94年4月には大型公私協力というかたちでびわこ・くさつキャンパスの開設を目前に控えていた。そんな慌ただしい最中、このアンケートを見てすぐに行動を起こしたのが、89年時点で「アジア太平洋の時代が来る」と喝破し、当時次の学部の構想を練っていた後のAPU初代学長の坂本氏である。

「立命館大学では88年からずっと大学改革を休みなしに行っていました。国際関係学部をつくり、94年4月オープンを目指して、びわこ・くさつキャンパスの建設を急ぎ、理工学部を移転しようとしていました。普通考えたらここで一息つくところです。すでに普通の大学が数十年かけてやるような仕事を、わずか6年で矢継ぎ早に行っていたときだったから。でも、平松さんの手紙を見てなぜか（この誘いには乗ろう）と思ってしまったんですね。もはや勘としかいいようがないのですが」

坂本氏は当時を振り返ってこう語る。

このアンケートをきっかけに、立命館と大分県は急速に接近する。坂本氏の命を受けて、1月後の94年2月には立命館の幹部が大分県を訪れ、平松前知事を表敬訪問する。このとき平松前知事は待ってましたと言わんばかりに「一村一品運動」のコンセプトや企業誘致の実績を話したうえで「大分県をアジアと日本とを結ぶ経済と文化のハブとしたい。そのとき新しい大学が核となるかたちでほしいんです」と熱弁を振るったという。

「それから2ヵ月後、忘れもしない94年4月11日、平松さんが立命館大学の京都・衣笠キャンパスに来てくださりました」

出迎えたのは、立命館の副総長に就任したばかりの坂本氏、当時の総長の大南正瑛氏、そしてこのあとAPUの開学にあたって八面六臂の活躍をする事務方のトップで当時専務理事の川本八郎氏らだった。

このときの両者の会話の「キャッチボール」からAPUのコンセプトの「核」が誕生する。坂本氏は会談の様子を教えてくれた。

「平松さんは大分県の一村一品運動の話をした後にこう言うんですね。『大分県はアジア諸国とのつながりが深い。このつながりを生かした新しいコンセプトの大学をぜひ誘致したいんです』と」

平松前知事の手紙でぴんときた坂本氏は、この時点では（うちの大学が大分県に出るのは難しいだろうな）と思っていた。当時の文部省の理解を得るのが困難だろう、と踏んでいたのである。しかも、すでに国際関係学部を設置し、びわこ・くさつキャンパスもつくったばかりだ。人口減少が見えていて、将来を見越して大学の新設には慎重になっている。

「だから私たちはこう平松さんにお話ししたんです。『すごく面白い話だけれど、立命館は今びわこ・くさつキャンパスをつくったばかりで資源を使い果たしています。その前には国際関係学部もつくった。新学部も新キャンパスもつくってしまったから、まったく新しい日本初の大学をゼロからつくるのでもなければ、私たちもファイトが湧きませんね』と。半分冗談でしたが、半分本音でもありました」

そんな立命館側に平松前知事はあえて挑戦的なボールをずばっと投げてきた。

「では、どんな大学なら立命館がゼロからつくるべき日本初の大学になるとお考えですか?」

相手は現役の知事である。生半可な答えは通用しない。立命館としてこれからの日本が必要とするまったく新しい大学の構想を示さなければ——。そして立命館側から出てきた答えがこうだった。

「学生の半分が留学生っていう大学は、まだ日本にないですよね」

平松前知事はにっこり笑った。「それ、面白いですね」

なぜ突然「学生の半分が留学生っていう大学」というアイデアが、立命館の側から出てきたのか。坂本氏は語る。

「平松さんとの対話の中から、ぽんと出てきたんです、『留学生が半分の大学』は。ただ、振り返ってみれば、私たちの方にアイデアの素があったんです。先ほど述べたように、89年時点で私自身が『21世紀の立命館学園構想』という文章で「アジア太平洋を見据えたグローバルな大学になる必要がある」と書き記していました。また一方で、新学部や新キャンパスを矢継ぎ早につくって当時の文部省とつきあっていくうちに、これから人口が減る時代だから大学の新設は難しくなるだろう、という知識も得ていました。次にもし新しい大学をつくるとするならば、留学生をたくさん受け入れて相対的に日本人学生の数を抑えるような工夫が必要だと感じていたのです。『留学生が半分の大学』というのは、そんな問題意識から生まれたのだと思います」

京都キャンパスでの会合を終えた平松氏は、APUの開学の仕掛け人となる、現在は立命館名誉役員の川本八郎氏に連れられて、できあがったばかりのびわこ・くさつ新キャンパスに見学に向かった。川本氏はそのときのことを次のように語る。

「最初はこの新キャンパスにさほど期待をされていなかったんでしょう。しかし、実際にキャンパスの中を歩いていただき、大学の施設を一通り見学した後、今でもよく覚えていますが、平松さんは私に向かって頭を下げてこうおっしゃったんです。『頼む、こういう大学を大分につくってほしい』と。びわこ・くさつキャンパスを見学して、平松さんは、(立命館にはゼロから新しい大学をキャンパスごと短期間につくるだけの力があるぞ)と瞬時に見抜かれたのです。きわめて優秀な方ですから、立命館に声をかけたとはいえ本当に大分に大学をつくれるかどうか見極めようとしていた。その意味で、びわこ・くさつキャンパスという『見本』が先にあったから、APUの構想は具体化したともいえますね」

かくして94年春、APUの歴史の針が時を刻み始めた。

大分県と立命館の間で生まれた「アジア太平洋学」

1994年春に出会った立命館と大分県に、「新大学を大分県内に創る」という目標を共有して、何度もやり取りを経たうえで、翌95年6月には立命館に新大学具体化構想委員会が発足する。

「『学生の半分が留学生の大学』というのは明らかにこれまでの日本にはない大学です。最初は大風呂敷を広げたような話ですが、学内のスタッフや大分県の人たちと議論してい

くうち、参加者みんながこの構想に惚れ込んでしまった。関西風に言えば『これ、おもろいやん』と」（坂本氏）

一方、平松前知事は大分県内で新大学の用地探しを続けていた。最終的に残ったいくつかの候補地のひとつが、別府市の郊外の山の中腹、十文字原《じゅうもんじばる》という広大な土地だった。別府湾と太平洋が見渡せる風光明媚な場所だが、当時は人がアクセスするのも困難な、藪と雑木林に覆われた荒れ野だった。

平松前知事は、当時の井上信幸別府市長と話し合い、大学誘致のプロジェクトを明かした。別府市が快諾するかたちで、立命館の新大学は別府に誘致されることが決まった。95年春のことである。

それから数ヵ月後の95年8月、平松前知事は、アジアのノーベル賞と呼ばれる「ラモン・マグサイサイ賞」に選ばれ、フィリピンでの授賞式に招かれた。そのとき壇上で宣言した。「この副賞の賞金も充てながら、大分県にアジア太平洋のための国際大学を創ります」

95年9月25日には京都と大分の2カ所で、立命館、大分県、別府市の三者合同開催のかたちで記者会見を行い、「立命館アジア太平洋大学」を創設することを発表した。

90年代は冷戦が終わり、世間的にはアメリカの一極集中と思われていた時代だ。

「あの時代にあえて『アジア太平洋大学』と名づけたのは実に先見の明がありました」

多摩大学学長の寺島実郎氏はそう解説する。寺島氏は坂本和一初代学長やモンテ・カセム2代目学長と親交があり、APUのアカデミック・アドバイザーも務めている。APUの開学前からの時代を知る数少ない外部の知識人だ。

「90年代半ばの世界情勢の予測では、中国やインドをはじめアジア諸国が一気に経済成長し、アジアが世界経済の牽引役になることは疑う余地がありませんでした。アジア太平洋の時代を見越してアジア太平洋地域のリーダーを育てるコンセプトの大学は、日本国内はもとより世界中のビジネスリーダーが誰もが欲していたはずです」

最初は地元から「治安が悪くなる?」と思われていた

記者会見も行い、キャンパス用地も決まり、立命館と大分県と別府市は3者で力を合わせてAPUの開学準備に向けてスタートを切った。大学の開学情報がオープンとなり、予定地も決まった。

ただしAPUの設置は、当初は必ずしも地元から歓迎されていたわけではなかった。誘致をしたのは大分県であり、承認したのは別府市だったが、別府市の周辺住民の中からは、緑に覆われた山を開いて今さら大学を建てるなどただの環境破壊ではないかと批判する声も上がっていた。それに、立命館はもともと京都にある学園で、大分とは縁もゆかりもない〝外様〟である。しかも海外からの留学生が全学生の50％を占めるという。治安が悪くなるのでは？　住民の間ではそんな噂も立っていた。

ＡＰＵのスタッフは、こうした地元住民の不満と不安の声に丁寧に対応した。大学の「公約」を記した『ひとづくり・まちづくり・えんづくり』というパンフレットをつくり、別府市全戸に届けたのである。

「ひとづくり」を行う大学が地域の核となり、地域の「まちづくり」に貢献し、大学と地域との間に新しい「えんづくり」が行われる――。このパンフレットに記された内容は机上の空論に終わることなく、ＡＰＵと大分県および別府市とのあいだで、新しい地域振興のプロジェクトとして芽吹き始めている。その話は、第4章でくわしく記したい。

お父さんは立命館、お母さんは大分県

振り返ってみれば、別府市の郊外にAPUを誘致したのは、センス抜群の判断だった。仮に、キャンパスが東京や大阪などの大都市にあったらどうだったか。キャンパス外には刺激や誘惑がたくさんある。日本の学生はもちろん国際学生も大学に寄りつかず遊び回ってしまうかもしれない。あるいは同じ国籍の者同士でコミュニティをつくって固まってしまい、勉強の面でも生活の面でも、現在のキャンパスがそうであるように「混ぜる教育」の場とはなり得なかったかもしれない。

APUの場合、バスが来なければキャンパスから「下界」に降りることもままならない。つまり、大学が物理的に隔離されている。

現役の学生たちも「一回大学から別府市街まで歩いてみたんですが、数時間かかりました」「坂がきついので、自転車での通学も不可能なんです。毎年肉体自慢の新入生が自転車通学を挑戦するんですけどたいがい挫折します」と、キャンパスの「隔絶」ぶりを説明してくれた。だからいったん通学した学生たちがキャンパスにいる時間は長くなる。国際

学生も日本人学生も同じ場所で学び、生活する。まさにAPUが目指していた欧米の一流大学の郊外キャンパスのように。

APUは、大きく2つの力が「混ざって」いまの大学になった。

1つは立命館学園の問題意識と、大学改革に対する起業家精神に満ちた行動力。これがなければ、そもそもグローバルな大学を新たに生み出そう、という動きは起きなかった。

もう1つは、平松前知事を中心とする大分県と別府市というAPUを誘致した地方自治体の力。アジアと太平洋という地域を視座に入れローカルな場所からグローバルな世界とつながろうというAPUのコンセプト。当初から留学生の比率を50％にして真の国際大学を目指そうというAPUの特徴。いずれも平松前知事らの強いニーズがあったからこそ実現した。

「正直、平松前知事からお話をいただいた94年というタイミングは、奇跡的でした。国際関係学部の設置では、グローバル大学の作り方を学び、びわこ・くさつキャンパスでは地元滋賀県草津市との公私協力の経験を積んでおり、そして次の新しい挑戦を探していたあのときだったからこそ、APU創立に踏み出すことができたんです」と坂本氏は語る。

地方自治体と大学が混ざり合って新しいコンセプトの大学が生まれる。APUのお父さんとお母さんは、立命館と大分県だったわけである。

ベンチャーのような大学

ＡＰＵの2代目学長・モンテ・カセム氏と旧知の仲でもある文部科学大臣補佐官の鈴木寛氏は、現在のＡＰＵをこう評する。

「20世紀型の効率を重視したパラダイムから抜けだした大学、それがＡＰＵです。あえて非効率に、愚直に、困難に立ち向かってつくられた学校です。だからこそ、この世にひとつしかない〝一点物〟になっている。いま、日本のさまざまな大学が国際化を目指しています。しかし、ほかの教育機関がＡＰＵをカタチだけ真似しようとしても、おそらく難しいでしょうね。真のグローバルというのは、異なる人同士が葛藤を乗り越えたうえでコラボレーションしあう環境のこと。ＡＰＵという先達のノウハウを求めて、このプロセスを効率化しようとした時点で、ＡＰＵのような環境は実現できないんです」

一見「非効率」であることが、ＡＰＵの価値だと鈴木寛氏は語る。本当に新しいもの、本当に未来をつくるものは、現在においては「非効率」なところからしか生まれない、と鈴木寛氏は指摘する。たしかに新しい発明も新しいベンチャーも、あらゆる新しいものは、すでに効率化を果たし、ムダが排除されたところからは生まれない。新しい大学もまた然り、というわけだ。

2015年3月13日、私たち取材チームは、APUの学位授与式つまり卒業式に参加した。学部・研究科合わせて688人が卒業あるいは修了し、日本中に世界中に巣立っていく。真っ赤なガウンに真っ赤な帽子。日本の他大学とは一味違う卒業式を演出したいと開学時から用意されていたものだ。入学式のときはそれぞれが工夫を凝らした民族衣装に身を包んでいたのが、卒業式ではみんな同じ赤のガウンに身を包む。4年間でばらばらだった学生たちが、APUという器の中でかき回されて混ざり合って今、ここを巣立とうとしている。卒業式の終了直前、みんなで赤い帽子を放り投げる。

アメリカ青春映画の1シーンを目の当たりにしているようだった。

世界と地方が「混ざる」大学で、本当のグローバル人材が巣立つ

寺島実郎 一般財団法人 日本総合研究所 理事長 多摩大学 学長

1996年、私は『中央公論』に、「アジア太平洋」という地域がこれから日本にとっても世界にとっても一番重要になる、という論考を執筆しました。それを読んでくださったのが、のちにAPUの初代学長となる坂本和一さんだったのです。

同年、立命館の中で新大学設置委員会が発足し、新大学の名称が「立命館アジア太平洋大学」と決まりました。当時、日本各地で多くの大学が「国際」の名を冠した学部を次々と新設していました。ただし、この場合の「国際」とは、「アメリカナイゼーション」でした。90年代は、冷戦が終わり、社会主義対資本主義という二極対立の構図が崩れ、唯一の超大国はアメリカとなり、「グローバル化」の名の下で、「アメリカ型の資本主義」が一挙に広まっていったからです。

その状況下で、グローバル時代を見据えた新大学に「国際=アメリカ」ではなく、「ア

ジア太平洋」の名をつけたのがAPUでした。アジアとオセアニアと南北アメリカをまとめた「環太平洋＝アジア太平洋」が21世紀を牽引する、日本はこの「アジア太平洋」の一員であることを自覚しよう、という見立てです。

その後、90年代後半から21世紀にかけての世界の変化を見れば、「国際」ではなく「アジア太平洋」としたAPUの判断が正しかったことは明らかです。2000年代に入って中国が急速に経済成長を始め、

2010年には日本を抜いて世界第2位の経済大国となりました。韓国の家電や自動車産業は世界的なブランドとなり、インドではIT産業が躍進しタタのような鉄鋼財閥が台頭。東南アジアではASEAN経済共同体が2015年末に発足。アジアのダイナミズムが世界を大きく動かす時代になりました。現在、日本の輸出総額の5割がアジア諸国との貿易で占められ、訪日外国人の7割近くがアジアからの来訪者です。2015年は外国人観光客数が一気に600万人以上増えて1900万人を超えました。APUは、まさにそんな時代を予見して誕生した、といえるでしょう。

APUのユニークさを裏づける重要なポイントがもうひとつあります。九州の大分県別府市という「田舎」に開学した、ということです。立命館大学のある京都でも大阪でも東京でもない。温泉街の別府市の郊外の山の中腹に大学がある。そこに大きな意味があるのです。キーワードは「グローカリティ」。世界とつながるグローバリズムと地域を掘り下げるローカリティを組み合わせた造語です。APUがあることで世界からさまざまな国の人たちが別府に集まり、コミュニティをつくり、文化をつむぎだしています。

別府はAPUの開学で大きく変わったと思います。国際色豊かな学生の多くは別府市内でアルバイトをします。別府は古い温泉街でグローバルとは縁遠い。そんな「純日本風」

の街で、数十ヵ月の国際学生たちがホテルの従業員をやったり、温泉施設の受付をしたり、居酒屋の店員になったり、レストランで給仕をしたりする。4年経つと、国際学生たちの多くは、都会の日本人以上に「温泉通」になり、人口12万人の別府市という小さな街を大好きになる。一方の別府市は、国際都市の風格を帯びる。これこそが真のグローバル化、いやグローカリティです。

グローバル人材の一般的なイメージは、世界言語である英語に堪能で、生まれた地域にこだわらないコスモポリタンのような人を想像するかもしれません。でも、私の考えるグローバル人材はむしろ逆です。APUの学生たちがそうであるように、地域に溶け込んだ人間の方がグローバル社会で尊敬される存在になるはずです。見知らぬ土地を愛することができると、見知らぬ相手を理解できるようになり、まさにグローバル化の基本となります。APUの学生が別府という地域を味わいつくすことは大きな意味があるのです。

APUは地に足のついたグローバル化戦略が成功している大学の「お手本」といっていいでしょう。アジア太平洋地域がますます重要となる時代に、アジア太平洋地域のリーダーとなる人材を育成する。APUの教育は、大いなる「挑戦」なのです。私はこの挑戦が成功するよう今後も当事者意識を持って応援していきます。

第2章

授業を混ぜる。学問を混ぜる。

APUでは
日本語と英語の
授業が用意されてい

APUは「絶対失敗する」と大学関係者からみなされていた。
言語教育をベースに教養と専門の授業を日英2本立てで用意。
1つのキャンパスに日本の大学と海外の大学が存在する状態で
日本の学生も外国の学生も日本語か英語で学ぶカリキュラムを
実現するのは不可能だと思われていた。
APUは「混ぜる授業」を展開することでこの難題に答えた。
日本と外国の学生を混ぜ、双方の力を高めていく。
言葉が通じない時点から異国の学生を混ぜてプレゼンさせる。
先輩学生が後輩学生に混ざって勉強をサポートする。
APUには、「アジア太平洋学部」と「国際経営学部」がある。
アジア太平洋学部では、国際的視点で地域の課題を発見し、
環境や観光や文化や国際関係を横断した新しい学問をつくる。
国際経営学部では世界基準のビジネス教育を目指し、
グローバル・ニッチ・トップを研究し、日本と世界をつなぐ
新しい経営学を目指す。混ぜる大学APUは学問も混ぜるのだ。

Part 1 「混ぜる授業」のレシピを大公開

「学生の50%を外国から」「50ヵ国以上から学生を集める」「教員の50%を外国人に」という「3つの50」を達成したAPUだが、一番難しいのは多様な出自の学生たちに大学教育を行うことである。

国内学生と国際学生が混ざり合い、英語または日本語の言語学習をベースに、授業も英語と日本語の2本立てで用意し、専門科目を履修させ、大学教育を施す。日本はもちろん世界でも前例がないのだ。つまりお手本がない。ゼロから教育の仕組みをつくらなければならないのである。

APUには、東アジア、東南アジア、南アジア、ミクロネシア、オセアニア、北アメリカ、南アメリカ、中央アジア、中東、アフリカ、ヨーロッパ、そして日本と多様な学生たちが授業を受ける。彼ら彼女らを国や民族ごとに分断せずに「混ぜながら」教える。

いったいどうやって教えているのか？　結論を先に簡単に述べておこう。

ＡＰＵは、「混ぜる教育」を実現するために、料理のレシピのようにきめ細かなカリキュラムを用意している。ただ乱暴に学生たちを「混ぜている」のではない。料理は、材料を混ぜる順番がきっちり決まっている。順番を間違えれば料理は完成しない。ＡＰＵの教育にも「混ぜるレシピ」があった。では、どんなレシピなのか？

「混ぜるレシピ」その１は「レポートの書き方、調べ方」にあり

世界中から若者が集まるＡＰＵだが、新入生の時点では、国際学生のほとんどは日本語ができないし、そもそも日本のことを知らない。国内学生も留学経験でもないかぎり、英語をほとんどしゃべることができない。それに大半はついこの前まで「高校生」だった。

日本の場合、高校までは先生が生徒に一方通行で教えるだけ、という授業が多い。海外でも、同様の教育スタイルをとっている国は少なくない。一方、ＡＰＵの授業では、学生が積極的にプレゼンテーションを行ったり、レポートを発表したり、討論を行ったりする

機会をたくさん設けている。学生たちは、授業で積極的に発言をし、プレゼンをし、時にはチームをつくってレポートを発表することが求められる。学生同士が混ざり合い、学生と教員も混ざり合う「混ぜる授業」が基本なのだ。

しかし、そんな「混ぜる授業」に新入生がいきなり対応するのは困難だ。そこでAPUでは、新入生が入学したときに2つの「レシピ」を用意している。1回生全員が履修する初年次教育科目「ワークショップⅠ」と「ワークショップⅡ」だ。どちらも、特定の専門分野を学ぶための授業ではない。学生たちがAPU流の「混ぜる教育」に積極的に参加できるようになるための、きわめて具体的な「混ざるための技術」を教える授業である。

4月入学の新入生は、まず春学期にワークショップⅠを半年履修し、秋学期にワークショップⅡを半年履修することでAPUでの「学び方」を身につける。ちなみにAPUは2学期制をとっていて、4月から9月が春学期、10月から翌年3月が秋学期であり、4月と9月と年に2回入学式が行われ、卒業式もそれぞれの学期に行われる。海外の学校の大半は9月入学のため、それに合わせるためだ。

ワークショップⅠとは、どんなレシピなのだろう?

ひとことでいえば、レポートの書き方とレポートを書くうえでの文献調査の方法を教える授業だ。なんだ、と思うなかれ。レポートや論文を自分の思考で自分の言葉でまとめられるかどうかは、結局のところ大学教育におけるもっとも重要な「技術」だからである。

コーディネートするのは、教育開発・学修支援センター長のヒックス・ジョセフ教授だ。

「ワークショップⅠの演習は、新入生にとって高校教育から大学教育の架け橋になります。高校とＡＰＵでの授業はまったくの別物です。ＡＰＵでは、試験の点数を上げるための勉強ではなく、自ら考えアウトプットできる勉強を学生たちに求めます。一番基本となるアウトプットが、レポートや論文の執筆です。ワークショップⅠでは、論文執筆のノウハウを徹底的に叩き込みます。論文を書くには、図書館をどう利用すればいいのか、コンピュータ上のデータベースをどう調べればいいのかといった基礎的なことから、論理の展開の仕方、文章の構造、クリティカルシンキング、仮説の設定から検証まで、学ばなければいけないことがたくさんあります。レポートや論文の書き方を体系的に学んでいないと、自分が興味を持ったこと、たまたまニュースで見たことを、図書館の参考資料やインターネット上の情報を借りてそのまま書き移すだけ、に終わってしまいます。でもこれはレポートでも論文でもありません。自分で仮説を立て、自分ごとにひきつけながら、仮説を検証するためのデータを集め、ひとつの文章で表現し、他者を納得させるレポートや論文を書けるようにする。自分で論理的な文章が書けるようになれば、口下手な人でも口頭で発表できるようになりますし、仕事にも大いに役に立つ。大学教育の基本ともいえるレポートや論文の書き方を、実習を通して徹底的に学んでもらいます」

指導教員は甲子園常連校の校長先生

ヒックス教授がこの仕事に就いたのは2010年。以来、日本中、世界中から集まったAPUの新入生が「高校生から大学生」になるための橋渡し役を担っている。

新入生にレポートや論文の書き方を指導する。APUの「混ぜる教育」を実現する上で、絶対に欠かすことのできない重要な仕事だ。なぜ、ヒックス教授が担当することになったのだろうか。理由は2つあった。

第1に、ヒックス教授が英語はもちろん日本語も堪能な理想的なバイリンガルの先生であることだ。このインタビューも全部日本語で行われた。アメリカ出身で日本語を自由に操れ、しかも社会心理学を専攻している。ヒックス教授が新入生が最初に受ける授業のコーディネートをして教壇にも立っているおかげで、国内学生は日本語で、国際学生は英語で、

「ワークショップⅠ」の演習を同じ条件で受けることができるのだ。

第2に、ヒックス教授は日本の中学と高校で校長先生を務めた経験がある。米国のラーグレンジ大学を卒業し、広島大学に国費留学生として学び博士号をとった後、東京都町田市にある桜美林大学の教授に就任する一方で、その教育手腕を買われ、桜美林学園の中学校と高校の校長先生を務めていたのである。

「桜美林学園の野球部は甲子園の常連でしたから、甲子園出場が決まるたびに新聞が私のところに取材に来ましたよ。校長がアメリカ人だなんて、ニュースのネタになるな、と(笑)」

東京の有名中高一貫校の校長先生を経験したヒックス教授にしてみれば、高校から大学に上がってきたばかりの新入生の手ほどきはもっとも得意とする仕事であった。

ヒックス教授は語る。

「日本の学生の多くは、教室で教員から一方的に学ぶ、というスタイルの授業しか知りません。自ら発言し、教員に質問し、他の学生と一緒に課題に取り組み、プレゼンテーションする、欧米では当たり前のAPU流のインタラクティブな授業経験がほとんどないのです。海外からの国際学生たちも、出身国の高校教育の中身によって、受けてきた授業のスタイルはずいぶん違う。みんながみんな積極的にプレゼンしたりできるわけじゃない。だから、大学の授業が始まると同時にワークショップIで、まずレポートの書き方を練習する必要があるのです。効果はてきめんですよ。どんな学生でも1回生のうちにレポートが書けるようになる。レポートが書けるようになると、論理的思考が鍛えられ、プレゼンのスキルも身につくようになります。そして場数をこなせば、肝っ玉が座るようになり、堂々とプレゼンができるようになるのです」

ワークショップIは、学生たちの就職活動にもよい効果をもたらせているという。

「就活はレポート作成能力やプレゼン能力が問われます。限られた時間の中で、自分の強みを言葉にしてプレゼンしたり、文章にしたりしなければならない。その点、こうした訓練を日々授業で経験しているAPUの学生が就活で強い、というのはよくわかります」

今後、新入生に対して「クリティカルシンキング」と「メディアリテラシー」がより向上するようなトレーニングを行っていきたい、とヒックス教授は語る。

「インターネットの発達で学生に届く情報の量はケタ違いに増えました。でもネットのコンテンツは玉石混交で、間違ったもの、いい加減なものも数多い。またインターネット上ではマスメディアまでもがセンセーショナルな見出しをつけがちですし、結論ありきのポジショントークに走りがち。インターネットが情報源の中心となる今だからこそ、常に批判精神を持って多面的に情報を集め、考える癖を学生時代につけておく必要があります。学生たちが自分の視点＝ポイント・オブ・ビューを提示しながら、違う視点を持っている他人と議論することで、クリティカルシンキングを育てる機会を増やしていきたいですね」

インターネットの発達によって、今では世界中の有名大学のカリキュラムを自宅にいながらにして学ぶことも可能になった。なかには、リアルな大学はもういらない、という極論まで出始めている。そんな時代に、わざわざ九州・別府の山の中という不便な場所にあるキャンパスに世界中の学生を集めるＡＰＵのやり方は、一見非合理的で時代遅れに見える。けれども、ヒックス教授は、「リアル大学不要論」を明快に否定する。

「インターネットでハーバード大学の授業も受けられる時代です。すばらしいことです。教育の機会が民主化されたのですから。でも、だからといってリアルな大学がもういらない、というのは間違っています。人間は『言葉』だけで生きているのではありません。日本人、アメリカ人、中国人、ケニア人が、自分の体ごとぶつかり合ってコミュニケーションできる経験がなければ、多様性を理解した本当にグローバルな人間は育ちません。インターネットが普及した今だからこそ、リアルな国際環境を体現しているＡＰＵのようにリアルな人間が『混ざり合う』教育環境はむしろとても価値があります」

4月に入学した1回生の春学期が終わると同時にワークショップⅠも終了する。10月からの秋学期から始まるのがワークショップⅡだ。レポートと論文の書き方を身につけた新入生は、次に何を学ぶのか。いよいよ「混ざりながら勉強する」方法を叩き込まれるのである。

「混ぜるレシピ」その2は、国内学生と国際学生チームでワークショップ

新入生＝1回生にとって、10月から翌年3月までの秋学期に必修となるワークショップⅡは、新入学の国内学生と国際学生を「混ぜる」ことを目的としたAPUならではの授業である。授業のスタイルはこうだ。

まず、1つの教室に国内学生と国際学生が12人ずつ合計24人が集まり、アットランダムに混ぜられた6人で1つのグループをつくる。この時点では、ほとんどの国内学生は日本語しか使えないし、ほとんどの国際学生は英語しか使えない。つまりお互い満足なコミュニケーションが取れない。その状態で、次に、APUという大学を学生たちが120％楽しく活用するにはどんな力を自分たちがつける必要があるのか、グループ内で話し合い、

キーワードを出してもらう。

たとえば「挑戦意欲」「異文化コミュニケーション能力」「チームワーク」といったキーワードが出てきたとする。そのキーワードを学生たちが選び抜き、今度はその力を伸ばすための体験型ワークショップを企画して、他の学生に実施してもらう。

ワークショップⅡを担当する教育開発・学修支援センターの平井達也准教授はこう語る。

「『挑戦意欲』というキーワードをあるグループが選んだとします。そのグループでは、参加者の『挑戦意欲』が身につくような95分のワークショップを実際に企画して、実行しなければなりません。グループの６人の混成メンバーで役割を決めて、ワークショップの目的を考え、ワークショップの導入ゲームを計画し、テーマとなる力を身につけられるような体験型ワークを2つほど考案し、最後にセッション全体をまとめる。以上が典型的な段取りです。しかも、このワークショップの発表は自分たちのクラスの外でやります。APUにはワークショップデーが設けられており、その日は1回生の他のクラスのひとたちはもちろん上回生も一参加者としてたくさん参加します。ここで発表するんですね。他のクラスの学生や上級生が見ている中で。発表する新入生のプレッシャーは相当なものですが、国内学生と国際学生の混成チームでワークショップを達成することで、確実にチームワークが鍛えられ、創造性が増し、プレゼン力がつくようになります」

平井准教授はワークショップⅡでの学びが、世界中から集まった学生たちがAPUで学び、暮らしていくためには絶対に欠かせない技術になると考えている。

「APUでは体験型の授業がたくさん実施されています。ワークショップⅡには、1回生の時点でそんな授業に慣れてもらう狙いもあるんです。この授業では国内学生と国際学生が流暢でなくてもお互い英語と日本語を駆使して、ぶつかったり誤解したりしながら、一つの授業をつくっていく。逃げずに心を尽くして知らない者同士が話し合い、考えをまとめる大切さを学んでもらう。一緒に困難な状況を乗り越える楽しさを実感してもらう。その結果、本当の多文化への理解力が新入生たちの身につくんです」

ワークショップⅡの授業で、ある意味で教員以上に重要な役割を担うのがTA＝ティーチング・アシスタントと呼ばれる上回生たちだ。ワークショップⅡの場合、授業前半の大教室での講義は教員が行うが、授業後半の小教室での演習は、国内学生と国際学生の2人で構成されるTAのペアがサポートする。彼ら彼女らは、担当教員の教案や指導を活用しながら、頼れる「先輩」としてさまざまな体験型ワークの企画立案をサポートし、プロジェクトを指導し、実施に伴うノウハウを教え、叱咤激励しながら、ワークショップを成功へといざなう。

「TAがなかったら、日本のことをまったく知らない海外からの国際学生や外国に行ったこともない国内学生が、わずか1年でAPUのダイナミックな多文化環境を活用することは難しいと思います」と平井准教授は明かす。

第1章では、学生寮のAPハウスの運営を先輩学生たちの代表であるRAが新入生たちの生活をサポートすることで、世界中から集まった学生たちが大学に「混ざる」ことができるようになる、と紹介した。

TAの役割は、まさに授業において新入生たちが「混ざる」ためのサポートである。TAはどんなふうに選ばれるのか。

「混ぜる授業」の要は、頼りになる先輩、TA

APUのワークショップⅠ・Ⅱの授業に欠かせない、TAを務めるのは上回生であり、応募した学生の中から選考と面接を行い選抜される。授業のTAはれっきとした仕事として給料も出る。2015年は、ワークショップⅠ・ⅡのTAはのべ226人、日本以外の国籍はさまざまでベトナムやインドネシア、スリランカ、ネパールに、アメリカ、イエメン、ナイジェリア、フィジー、スゥエーデンなど15ほどの国・地域出身の学生が務めた。ちなみに、ワークショップを除くほかの講義TAは2015年でのべ218人うち156人は28ヵ国・地域出身の国際学生で、さらに、言語の科目に関わるTAは2015年度秋学期だけで344人でこのうち284人は29ヵ国・地域からの国際学生、という具合に多様なTAが学生の学びをサポートしている。

ワークショップでのTAの仕事は以下の通りだ。

ワークショップの授業では、基本的に1つの教室に国内学生と国際学生のペアに、2人のTAがつく。ワークショップⅡのように、学生たちのディスカッションやチームワークが必要な授業の場合、95分の授業のうち30分は担当教員が講義をして、後半の60分は基本的にTAが授業をサポートしていく。

「TAは教員よりも学生に近い存在として、学生たちのプレゼンのどこが上手になったか、次は何に手をつけたらいいのかなど、後輩学生にきめ細かなアドバイスを行います。授業を休んだ学生に対しても補講のケアをするなど、授業以外の部分もサポートする。先輩であるTAとの交流は1回生にとって心強い。初年次の授業で出会うTAは新入生にとって特別な存在です。ＴＡ自身も、仕事をしながら責任感が身につきます。つまり、ＴＡを務めること自体が、ひとつの教育にもなっているのです」、ワークショップⅠでもＴＡを活用しているヒックス教授は言う。

ヒックス教授によれば、ときには教員よりもＴＡの方が身近なお手本として、後輩学生たちに影響力があるという。新入生が一生懸命になれば、ＴＡもさらに真剣に向き合う。ＴＡ制度を核に、民族や出身を超えて先輩と後輩の関係がＡＰＵの中にできあがっていく。ＡＰＵの学生「らしさ」も先輩から後輩へと伝えられる。学生が教え合い学び合う「ピア・ラーニング」の文化が大学に醸成され、伝えられていく。

学生を授業のアシスタントとして起用するＴＡ制度そのものは、すでに多くの大学が導入している。けれどもその場合のＴＡは、教員のアシスタントのような役割が中心で、仕事はというと授業で配るプリントの用意と配布や受講生の出欠確認などにとどまるケースが多い。さらに、他の大学のＴＡはたいがい大学院生がなる。ＡＰＵでは学部の上回生がＴＡの中心となっている。

ＡＰＵが初年次教育にＴＡを活用していることは、大学関係者の間でも話題になるという。このため、他大学から、ＴＡを活用したワークショップ授業の見学者がしばしば訪れる。しかし、担当者がTAの育て方について説明すると「それはうちの大学では真似できない……」と引かれてしまうのだそうだ。

なぜ、APUではリーダーシップを発揮できるTAを育てられるのか。

そこには、APU独自の用意周到なプログラムに加えて、京都の立命館から流れ続ける「大学の歴史」が背景にあった。

APUには、「ピアリーダー・トレーニング」という科目がある。

APUには、TAをはじめ、学生寮APハウスのリーダーであるRA、新入生をサポートする団体FLAG（Fellow Advisory Group）のメンバー、高校生（APU志望生）をサポートするGASS（Global Admissions Student Staff）のメンバーなど、「頼れる先輩」として新入生や後輩学生を指導できる学生スタッフたちがたくさんいる。ピアリーダー・トレーニングは、そんな「頼れる先輩」を授業を通じて養成するプログラムなのだ。

ピアリーダー育成のコンセプトやプログラム内容について、「ピアリーダー・トレーニング」を担当する教育開発・学修支援センターの秦喜美恵教授にうかがった。

「先輩が後輩の面倒を見る、いわば学生の相互教育の機能が、立命館大学の自治活動の中で、受け継がれていると思います。このとりくみを大学全体のシステムとして展開したのが、新入生の援助をするオリター（Orientation Conductor）制度です。この伝統がAPUにも伝えられている側面があるのです。初代RA含め全員がAPハウスの新入寮生であった開学年の4月の入学式の直前のことです。立命館大学の国際交流サークルの先輩学生たちが、RAの『タマゴ』といっしょにAPハウスで共に生活しながら面倒をみてくれました。APUの1期生は『この大学の文化は自分たちで創るんだ』という起業家精神を持ち合わせていましたね。そして、彼らが奮起して、半年後となる開学年の秋入学では立派に先輩として、後輩たちを授業で、APハウスで面倒をみたことで、APUの文化が育まれるようになったのです」

秦教授がAPUに赴任した2009年、APUの中ではTAもRAも定着していた。その意味で、ピアリーダーが育つ土壌はできていた。一方、大学が開学して10年近くたつと、当初は試行錯誤しながら先生と学生たちが自らの手でつくってきたピアリーダー育成の伝統が早くも形骸化しつつあった。

「私が赴任した頃のTAは『とりあえず授業の教室にいればいい』だけの存在になっていました。積極的に後輩を「育てる」という意識を持ったTAが減っていたのでしょう」

途中からAPUに参画した秦教授の目には、TA制度の形骸化ぶりがはっきりと見えた。

そこで秦教授は、TAが「頼れる先輩」として機能するようになるにはどうすればいいか、さらにいえばTAになることでその学生自身に教育効果を与えられるにはどうすればいいか、策を練ることにした。

まず手をつけたのが、ミーティングの義務化だ。TAたちは授業に同席するだけでなく、教員たちやTAの同僚たちと事前・事後のミーティングに必ず出席することを義務づけた。この授業では、後輩にどういう学びを得てほしいのか。そのために自分たちができることはなんなのか。しっかり考えたうえで、各授業のサポートをする。その心構えと具体的な方法をミーティングを毎回綿密に行うことでお互い学び合えるようにしたのである。

前述の通り、TAはボランティアではなくアルバイトであり、給料が大学から支払われる。だから授業の事前・事後のミーティングも仕事として責任を持って参加するように促した。自分の裁量で運営できるのでミーティングは必要ないと思っている国際学生たちもそうやって納得させた。

一方、TAの間でも今のままではいけない、という意見が出始めていた。当初、秦教授の担当するクラスだけで始めたTAの研修は全学に広まっていき、2011年に「ピアリーダー・トレーニング」という科目になると、授業の一環として2泊3日のリーダーTA研修がスタートした。TAはAPUの「混ぜる授業」に欠かせない存在としてすっかり定着し、今では国内学生で約3倍、国際学生で約6倍の倍率をくぐり抜けないとワークショップのTAにはなれない。

親切で頼りになる「先輩」をたくさん養成する

TAになった学生はどんな能力を身につけることができるのか。秦教授は解説する。

「プログラム全体を見通す力とマネジメント力ですね。ものごとの仕組みを見通して、前もって段取りをし、人を動かすことができるようになる。それに加えて、さまざまな国の学生たちを指導することで、文化の壁を超えたコミュニケーション能力が身につきます。APUでよくあるのは、時間を守らない国際学生に対して、国内学生がイライラするパターン。でも、国際学生も出身国によって『遅刻の原因』が違うんです。そもそも時間に寛容な国民性かもしれないし、日々の生活費を稼ぐアルバイトが忙しくて遅刻気味なのかもしれない。ただイライラするだけじゃなく相手のことを知れば、妥協する点を探したり、改善する方法も見つかりやすくなります」

TAの経験を通して、企業の新規プロジェクト・マネジャーのような力が身につくわけだ。しかも、多国籍のメンバーをマネジメントする能力は、日本企業の中でも身につけることはなかなかできない。

APUで活躍するTAやRAなど学生のピアリーダーになるための研修プログラム「ピアリーダー・ベーシックトレーニング」は授業の一環として実施されている。変則的に土日を使って、実際の授業と同じように1回生が受講生役（TAに指導される側）となって参加し、7つのセッションのグループワークを企画運営するトレーニングプログラムだ。ピアリーダーとして不可欠な基本要素（チャレンジング精神、チームワーク、コミュニケーションスキル、タイムマネジメントなど）をグループワークを運営し協同体験をしながら実践的に学べるプログラムになっている。

APUの「混ぜる授業」は、授業を受ける学生にも、その学生をサポートするTAにも二重三重の教育効果をもたらすことができる。秦教授は言う。

「これまでの大学では、学生が教わるのはもっぱら勉強だけでした。APUでは、勉強だけでなくTAやRAのような体験を学生たちに与えています。TAの経験は単なるアルバイトではなく、大学の重要な教育だと思っています。企業の新人研修やOJTで学ぶようなことを学生時代により多様な環境で学べるわけですから。ちなみに私が関わってきた経験からすると、ピアリーダーに向いている学生向いてない学生、というのはありません。どんな学生でも学ぼうとする気持ちを持って経験をつめばガラッと変わります。学生の可能性を私は信じているし、私が担当する学生には１００％のエネルギーをかけてリーダーに変身してもらいたい」

ＴＡ制度を通じて見えてくるのは、ＡＰＵでは学生の先輩後輩がともに教え合い学び合うピア・ラーニングを「混ぜる教育」の核のひとつにしていることである。寮生活におけるＲＡの存在も同様である。上回生が「憧れの先輩」になることで、ＡＰＵの「混ぜる教育」はうまく動いている。

ＴＡとＲＡの両方を経験している学生は少なくない。第1章のＡＰハウスの取材で登場した、ネパール出身の国際経営学部3回生のアイシュワリャ・カンサカールさんは、ＡＰハウスのＲＡを務める一方で、ＴＡとしても活躍している。

「ＡＰＵでは、先輩たちがリーダーとなって低回生（低学年生）を引っ張ってくれる。だからそんな先輩にすごく憧れちゃうんですね、自分もああなりたいな、と。私の場合はＲＡもやったし、ＴＡもやりました。ＴＡを経験したのをきっかけに、人にものを教えるのがおもしろくなって、今はボランティアで大分県の高校で英語を教える活動もやっています。人にものを教えると、自分の日本語も上達するのですごくお得です」

ＡＰＵのＴＡは、学内のさまざまなプログラムや授業で活躍している。高校生を対象としたサマーキャンプの現場のマネジメントもサマーキャンプのＴＡたちが行う。サマーキャンプに高校3年生のときに参加して、「ＴＡの先輩がかっこいい！」と惚れ込んでＡＰＵに入学したのは、第1章に登場したアジア太平洋学部3回生大根田健太さんだ。

「サマーキャンプでいろいろな海外の学生との交わりをサポートしてくれたＴＡのひとたちが本当にかっこよかったんです。僕もこの先輩たちと同じ大学に行きたい、とそのとき思いました。ＴＡの先輩たちと出会わなかったら、もしかしたらＡＰＵを受験していなかったかもしれないです」

国内学生の英語力はスパルタプログラムで鍛える

国内学生と国際学生とが混ざり合う。そのとき授業やキャンパスライフがうまくいくために絶対に欠かせないことがある。

そう、言語の習得だ。国内学生は英語を習得しなければ始まらないし、国際学生は日本語を習得しなければ日本に留学する意味が半分なくなってしまう。ＡＰＵでは、学生たちの言語習得をどのように支援しているのか。

まずは国内学生の英語習得の基本的なプロセスを追ってみよう。

ＡＰＵでは、英語を学習する科目をスタンダードとアドバンストの2つのトラックに分けて、さらに各学生の英語レベル別に学習をスタートし、段階的に英語力を身につけられるカリキュラムを用意している。

また、ＡＰＵでは初年次教育よりもさらに前、入学前から「洗礼体験」を用意している。合格者を入学前にキャンパスに呼ぶのだ。合格者たちは、実際にキャンパスに来て入学前のさまざまなプログラムを通じて英語学習や入学前までの準備を行う。ここで思い知らされるわけだ。「ＡＰＵでは、英語ができないと本当にまずい」と。

そんな「洗礼」を受けて入学してきた国内学生たちは日々の授業でも英語をたっぷり学ぶのだが、ＡＰＵならではの海外で英語を実践的に使って国際的な経験ができるプログラムがある。そのいくつかを紹介しよう。

代表的なのが、ＡＰＵが米国のセント・エドワーズ大学と組んで行うグローバル協働教育プログラム、GLUE（Global Collaborative University Education）だ。両大学は「世界のために貢献できるグローバル人材を輩出する」ミッションを共有し、いくつかの授業をコラボレーションし、お互いに短期留学生として学生を受け入れ、派遣している。

しかも、このGLUEの1つのプログラムで、新入生が入学する前から参加できるものもある。それがACCESS（American Cultural and Academic Experience at St. Edward's）というプログラムだ。APUに入学する直前の3月に希望者は2週間セント・エドワーズ大学に留学する。この短期留学を経て、希望者はこれからAPUで4年間過ごすうえで今の自分に何が欠けていて何を伸ばせばいいのか、じっくり考えさせられることになる。高校を卒業したばかりの若者にはハードルの高い体験である。

プログラムを担当する教育開発・学修支援センターのカッティング美紀准教授は言う。

「ACCESSに参加した学生は、米国滞在中に現地のルームメイトやバディと呼ばれるパートナー学生とうまく話せなかったり、同じプログラムの仲間たちに圧倒されたりしながら、『自分にはこんなこともできないのか』と落ち込みます。その時の悔しさや頑張った経験がAPUで1回生から全力で走っていくエネルギーになるんです」

GLUEのメインプログラムは、2回生、3回生をセント・エドワーズ大学に留学させるものだ。短期留学の期間は約2ヵ月。応募する国内学生の多くは、「せっかくAPUに来たのに、国際学生とのディスカッションで英語でやり取りができない」「英語でリーダーシップを取れるようになりたい」といった問題意識を持っている。つまり実践的な英語能力を高めたい、と強烈な意思を持った学生が手を挙げて留学をするわけだ。

彼らは留学先のセント・エドワーズ大学で、プレゼンの授業を受ける。スピーチの練習をし、その様子を撮影した映像を見ながらさまざまなフィードバックを受け、徹底的にしごかれる。英語での授業では積極的な発言を求められるし、ボランティアも体験する。2ヵ月間で見違えるほどたくましく、そして英語の実践能力をつけて帰ってくるという。

「短期留学を経た国内学生たちは、帰ってきたときには国際学生と対等に英語で戦えるようになってきます。英語の授業でも、間違いを恐れず自分の意見を発信できるようになる。『なんとなく海外留学したい』と思って留学するのとはわけが違うんですよね。この短期留学が機能するのは、日本に戻ってきても、APUならば海外並みに英語を使う環境がいくらでもあるからです。だから、短期留学がただの思い出にならず、訓練として機能する」とカッティング准教授。

GLUEでは、この短期留学プログラムのほかに、セント・エドワーズ大学で1年間学ぶ交換留学や、APUで2年、セントエドワーズ大学で2年、合計4年間で両大学の学位(ディグリー)を取得するダブルディグリープログラムなど長期留学プログラムも用意されている。APUから学生を派遣するだけでなく、セントエドワーズ大学の学生も短期留学、長期留学のかたちでAPUに受け入れている。

さらに、両大学のキャンパス以外の別の国の大学やフィールドで学び合う留学プログラムもこのGLUEには含まれている。

海外の大学と提携して単位を認定し、気軽に留学できる仕組みを持つ大学は既に日本にたくさんある。ただAPUの場合、留学から帰ってきたあとも「英語を使い英語で学ぶ環境」「国際感覚をさらに磨く環境」を学生に提供し続けられる。このため、英語力は日本に戻ってからますます伸びる。この点が、他大学と大きく違う。カッティング准教授は語る。

「今後は、APUとセント・エドワーズ大学の学生同士で、独自の留学プログラムを設計させたいですね」

「混ぜる授業」は入学時の「猿岩石」体験から始まる

ＡＰＵには、「ＧＬＵＥ」のほかにも異文化体験や生きた英語を学ぶことのできるプログラムがたくさん用意されている。

たとえば「ＦＩＲＳＴ＝ Freshman Intercultural Relations Study Trip」。

新入生同士でグループを組み、外国で現地語を使いながら交通機関を乗り継ぎ、途中で現地の人々へのアンケート調査というミッションをこなし、あらかじめ定められた最終目的地まで行く、いわば「異文化オリエンテーリング」である。

35歳以上の方ならば、覚えているかもしれない。日本テレビの「進め！電波少年」で猿岩石が挑戦した「ユーラシア大陸横断ヒッチハイク」のようなプログラムなのだ。知識も経験もない若者を現地語もろくに使えない状態で海外に放り込み、さまざまなミッションを与え、自力で目的地にたどり着かせる。もちろん、事件や事故が起こらないようサポートはするが、基本的には学生の自主性に任せてプログラムを進める。

２００７年にスタートした「ＦＩＲＳＴ」は、２０１４年までに６７６人が参加した。

2011年以降は参加者の総勢が毎回約150人と大規模になったため、一番近隣の韓国で実施している。ちなみにこの「FIRSTプログラム」は科目となっていて、出発までも準備する授業があり、現地でゴールにたどり着いた学生たちは、さらに大学に戻ってからの授業で現地調査についてプレゼンを行う。そして、2単位を取得できる。

「FIRST」プログラムの考案者である入学部長の近藤祐一教授に話を聞いた。

「FIRSTプログラムは、ようこそAPUへ！　という新入生に対する歓迎の意味と、APUの学生ならこのくらいの異文化体験は自力で乗り越えたまえ、というイニシエーション＝通過儀礼とを兼ねています。2015年春に実施したFIRSTを例にとると、156人の新入生は6人×26グループに振り分けられます。次に大学で事前授業を行い、韓国の文化を学び、それぞれのチームがどんなアンケート調査を実施するのか打ち合わせをしてもらいます。次に韓国人学生のTA＝ティーチング・アシスタント26人の出番です。普段は大学の授業で先生のサポート役を行っている先輩学生のTAが1グループに1人ずつ張り付き、韓国語の予習をやります。ここまでが事前授業でいよいよ本番、4泊5日の旅の始まりです。飛行機でソウルまで飛び、現地に着くと同時にグループリーダーはくじ引きを行い、目的地をあてがわれます。このときまでどこに行くのか誰もわからないわけですね。あてがわれた目的地をグループごとに地図で探してそれぞれの旅の始まりです。グループごとに韓国人学生の先輩ＴＡがついていますし、我々職員も随行しているので安全は保証されていますが、基本的にいっさい口出ししません。目的地までの電車やバスの選定からアンケートを誰にするのかなども新入生たちは自分でやらなければいけません。旅の途中では現地の提携大学に寄って大学生たちとの交流もあります」

ＦＩＲＳＴのあらましはわかった。どんな学習効果があるのだろうか？

「ついこの前まで高校生だった子たちですから、最初はグループで行動するのもおぼつかなかったりします。付け焼き刃のハングル語はまず通じないし、電車やバスを乗り間違えたりもする。それまで見ず知らずの他人にアンケート調査などやったことがないうえに、相手は韓国の人たち。最初はなかなか話しかけることすらできません。そのうちグループ内で喧嘩が起きたりもします。ストレスが溜まっていくわけですね。これがいいんです」

ストレスが溜まるのがなぜいいのか？

「ストレスに直面すると、人は自分で考えるようになる。手持ちの駒でなんとかしようとし始める。そこで初めてお互いが腹を割って話し合い、アイデアを出し合って、ピンチをチャンスに変えていく。誰かが近所のお店を訪ねて、正しいバスのルートを聞いてくる。

手分けしてアンケートを実施する。なんとか最終目的地に到着する。これまでＦＩＲＳＴプログラムに参加した全チームが目的地に到着しました。つまり誰でもやればできるんです。大切なのはグローバルな現場で学生たちがミッションを共有して力を合わせてクリアすること。それを達成させることがこのプログラムの教育理論にもとづく最大の教育効果なんです」

さらにＡＰＵでは、日本にやってきたばかりの国際学生を対象に、彼ら彼女らが日本国内をグループでオリエンテーリングする国内版ＦＩＲＳＴも２００９年から始めている。「ＦＩＲＳＴ」以外にも、専門科目の研究を現地で行うプログラム、英語やアジアの言語を現地国で集中的に学ぶプログラム、英語学習にインターンシップやボランティアを組み合わせたプログラム――。ＡＰＵではさまざまな海外留学プログラムを用意している。

交換留学も、先に挙げた米セント・エドワーズ大学をはじめ、１００を超える海外の大学と提携して実施している。単位互換ではない協定も含めると３００以上の大学と提携している。

カッティング准教授によれば、ＡＰＵではもはや留学は「当たり前」であり、むしろこれからは多くの国内学生が海外留学を経験することを前提に教育プログラムを進化させようと考えているという。

「国内学生からすると、APUに在籍しているだけでも半ば留学しているようなものですが、それでもAPUに来たからにはさらになんらかのかたちで海外に1度は出て勉強してきてほしい。学生みんなが留学を経験する――今後の長期ビジョンでAPUが掲げる目標のひとつです。海外での学び方は必ずしも大学への留学でなくてもいい。ボランティアをしに行くのでもいいですし、学生で海外起業をするのでもいいと思っています」

国際学生の日本語力強化で「混ぜる教育」がうまくいく

APUに「混ざる」うえで言語が壁となるのは、国内学生だけではない。海外からやってきた国際学生にとっては「日本語」が強敵となる。APUに入学してくる国際学生は、日本の空港に降り立つまで日本語で話したことがない人が大半だ。そのため、入学が決まった国際学生には、本国にいる時点で入学前教育プログラムのパッケージを送っている。

国際学生が日本語を学習する科目は6つのレベルに分かれており、落ちこぼれが出ないよう手厚くサポートしている。

私たち取材チームが秋に見学した「日本語初級」の授業では、国際学生がそれぞれの郷土料理のレシピを、スライドを使ってプレゼンテーションしていた。台湾の小籠包に、イギリスのシェパーズパイ、サモアのオカ（フィッシュサラダ）、インドネシアのミーアヤム（ラーメン）と、自国の文化の紹介にもなっているのだ。発表で使っていい言葉は日本語だけ。うまく言葉が出てこない時は、先生が助け舟を出す。

本授業を担当する言語教育センターの梅田千砂子教授いわく、「ここで間違った日本語が頭に入ってしまうと、あとから直すのが大変なので、とにかくうるさく口やかましく、正確な日本語を教えるようにしています」

意外だったのは、日本に来てまだ半年足らずの日本語初心者の国際学生たちが、けっこう上手に日本語を使っているということだった。誰かの発表に対する質問も日本語で。

「その料理をつくるのには、1食いくら（何円）かかりますか？」

「XX円です」

「安い！」

「みんなで食べたいね」

「それぞれ発表した料理をつくって、パーティーしない？」

「いいねえ！」

文字で書くと、日本の学生と遜色ない。梅田先生に聞いたところ、彼らは「あいうえお」が書けないレベルからまだ1ヵ月半しか経っていないとのこと。そんな短期間でここまでの会話レベルに達するのか、と驚いた。

ちなみに国際学生は「日本語中級」の授業まではすべて単位を取ることを義務づけられている。そこから先は、本人の日本語学習意欲に任せている。

APUは日本の大学だが、一方で英語ができれば基本的にことが足りる。英語で授業も受けられる。就職も母国に帰るなり、英語圏に行くなりすれば、日本語ができなくても一向に困らない。

それでも、ほとんどの国際学生たちは、4年間の間に日本語をマスターする。そもそも母国の大学や欧米の大学ではなく、日本の大学をわざわざ選択した時点で、APUの国際学生は積極的に日本語をマスターし、日本文化の理解者になろうという強い意思を持っている。

「だからAPUでは、国際学生の日本語力を高めるためにさまざまな授業を用意しています」（梅田教授）

中でも大人気の授業が、「キャリア日本語」だ。

この授業では、日本での就職活動における日本語の使い方を実践的に学ぶことができる。さらに、日本語だけではなく面接の部屋に入る際に一度おじぎをする、スーツは黒、スカートは膝が隠れるくらいなど、日本独自の就活マナーも同時に学べる。

日本を除く多くの国では、あらゆる企業がいっせいに新卒学生を採る時期があるわけではないため、学生が同じ時期に就職活動をする習慣がない。そんな〝就活〟文化のない国から来た国際学生たちにとっては、就職活動に関するさまざまな「慣習」すべてが未知の世界だ。「キャリア日本語」の授業は、まさに日本社会に社会人として「混ざる」ための必須講座なのである。「キャリア日本語」の授業も担当している梅田教授は、狙いを次のように語る。

「この授業をただの就活支援じゃないか、と見る人もいるかもしれませんが、海外から来た国際学生たちが日本社会で生きていくための術を学ぶ大事な授業なんです。日本で仕事をするからには、好き嫌いを超えて日本の慣習や流儀を知っておく必要があります。卒業生はどこでも仕事ができるタフな人たちであってほしい。『キャリア日本語』では彼ら彼女らが日本で生きていくための道具を渡しているつもりです」

私たち取材チームも、就活の自己アピールを行うグループワーク授業を見学した。ベトナム出身の女性と、韓国出身の男性の2人がまず自己アピールをして、先生や同級生にフィードバックをもらう。時折言葉に詰まることもあるが、APUでの経験をもとに十分に自分をアピールできている。

「今の彼女の自己アピール、何か改善すべきところはありますか?」

梅田教授に振られたので、あわてて「そうですね、自己アピールでは何をした、というときに客観的な数字も織り交ぜて話したほうが説得力が上がると思います」と感想を述べた。もはや日本語の授業ではなく、完全に就活シミュレーションの授業だ。参加している国際学生たちとは、日本語だけで十二分にコミュニケーションがとれる。何より、自信を持って自分の意見を主張できる。残念ながら私たちにはできないぞ、と取材チームは頭を低くするのであった。

「キャリア日本語」は、日系企業での就職を希望する国際学生の4分の1が受講する人気授業だ。受講登録の際は、瞬時に定員がいっぱいになる。この人気はAPUで学び、日本で就職し、日本に混ざって生きていきたいと考える国際学生が多いことの証しと言える。

実は、APUが英語圏の名門大学と伍して世界の優秀な学生を集められるのは、日本企業が新卒学生を一括採用するからというのが大きな理由のひとつだという。そんなＡＰＵの就職事情については、第5章で詳しくレポートする。

ＡＰＵでは教員も「混ぜる授業」の勉強を

ここまでＡＰＵの教育現場で、国内学生と国際学生がどうやったらうまく混じり合うか、そして日本語と英語の2本立て教育の環境にどうやったら適合するか、ＡＰＵが用意した教育プログラムの数々を紹介してきた。

しかし、まだ説明していないことがある。それは教員たちがどうやって「混ぜる授業」を実践するのか、ということである。

日本の大学の学部教育で教員に求められるのは日本の学生相手に日本語で授業ができること。しかもその授業のスタイルは、教室で延々黒板に板書をして、学生に一方的に講義するというのが多かった。

これまで紹介してきたように、ＡＰＵの教育の現場では、教員に多様な能力が求められる。専門を適切に教える力があるかどうかは当然として、学生たちに議論をさせたり、プレゼンをさせたり、時には日本の学生と国際学生を混ぜてグループワークをさせたり、TAを活用したり……。

こうした仕事は従来の日本の大学では教員にあまり求められていなかった。となれば、APUの場合、自前で教員たちの能力を育てていくしかないわけである。

そこでAPUでは、教員の「混ぜる教育」ノウハウを向上させるためのプログラムを開発した。そのひとつが、APU独自のファカルティ・ディベロップメント（FD＝Faculty Development）プログラムだ。

FDプログラムとは、大学教員の教育能力を〝開発〟するための組織的な取り組みを指す。2004年の文部科学省の調査では、国立大学の97％、私立大学の72・8％が実施していると答えており、年々実施校は増えている。しかし、その内実は研修会を開いたり、講演を聴いたりするだけにとどまっているようだ。

APUのFDプログラムは、もっと本質的な取り組みだ。APUでは、教員トレーニングで定評のあるアメリカの大学と提携し、教員トレーニングの専門家によるワークショップや授業のフィードバックを行っている。夏休みにはプログラムに参加するAPU教員が一緒にアメリカの大学に赴き、1週間ほど研修を受ける。そこで教員は世界の先端的な教育方法を学んでくる。

このFDプログラムを全部修了するには、1年近くを要する。ときには今自分でやっている授業に対しかなり厳しい意見が寄せられ、やり方を大きく変えなければいけなくなることもある。長年教授職についていたような先生にとっては、なかなか受け入れがたいプログラムなのではないか？　が、教育開発・学修支援センターのカッティング美紀准教授によると、ベテランの教員も積極的に参加しているという。

「FDプログラムを欲しているのは、学校側以上に、現場の教壇に立つ先生たちなのです。先生の多くは『自分は研究者としての教育は受けているけれど、教育の専門家になるためのトレーニングは受けていない』と、はっきりおっしゃいます。そんな自覚があるからこそ、謙虚に真摯に教育の質を上げたい、とベテランの教授までもがFDプログラムに参加してくれます」

APUという独特な教育環境だからこそ、なおさらこのプログラムは必要だといえる。カッティング准教授は言う。

「APUの学生たちは、国ごと民族ごとに異なるバックグラウンドを持っています。だから大学に対する〝常識〟もばらばら。大学に何を期待するのか、教員をどんな点でリスペクトするか、どんな話題は受け入れがたいか、授業で扱うテーマに対する理解がどの程度か……学生によってまったく違うんです。ＡＰＵの授業ではグループディスカッションもよく行います。異なる文化背景を持つ学生たちの話をファシリテートするのは、それだけでものすごく力量がいる。極端にいうと国際会議のまとめ役のような仕事です。日本の学生だけのクラスで教えるのと比べ何倍もの苦労があるでしょう。その苦労を超えれば、学生たちはもちろん先生たちも、ここでしか手に入らない得難い経験を得られるのです」

「ガラス細工のカリキュラム」をつくった奇跡の日英２言語教育の歴史

ＡＰＵの教育は、日本の学生と外国の若者を別府のキャンパスに放り込んでおしまいではなかった。日本の学生は日本語で授業を、外国からの学生は英語でそれぞれ授業を受けていれば卒業できる形だけのグローバル大学でもなかった。右も左もわからない状態で九州・大分県別府市の山の上で暮らすことになった学生たち（国際学生はもちろん、地元出身じゃない全国からの国内学生も！）を分離させずに、キャンパスで混ぜ、授業で混ぜ、ＡＰＵの学生としてきっちり勉強し、仲間を大勢つくって卒業していくための、きめ細かなレシピを用意した。

ＡＰＵには、「混ぜる教育」のレシピを考案した名シェフのような先生たちがいた。

初代副学長で名誉教授でもあり、現在は佐賀県の中高一貫校である東明館学園の理事長を務める慈道裕治氏もそのひとりだ。１９９７年から開設事務局のプロジェクトメンバーとして、教学（＝教育および学問）部門の責任者となった。日英両言語の二本立て授業を開学から用意する離れ業をやってのけた立役者のひとりである。

「日英2言語教育の仕組みをつくったからこそ、ＡＰＵは持続的に成長できました。国内には例がなかったので、英語とフランス語の多言語教育を行っているカナダの学校などを参考にし、英語しかしゃべれない国際学生も、日本語しかしゃべれない国内学生も、どちらも英語と日本語で全科目を学べるカリキュラムを慎重に組んでいきました」

開講科目はどんなラインアップにするか。それぞれどの教員に担当してもらうか。日本語と英語の科目をどう揃えるか。全体のカリキュラムをどうやって体系化するか。

「考えてみてください。ひとつの大学の中に、日本語の教育カリキュラムと英語の教育カリキュラムが同時に存在するんです。しかもその2つのカリキュラムはびしっと分けられているわけではなく、要所要所では『混ぜられて』最終的には国内学生と国際学生が一緒に学べるようにしていかなければなりません。気の遠くなるような作業でした」と慈道氏は振り返る。

実際APUの開設事務局では、日英2言語のカリキュラムを「ガラス細工」に例えられていたという。それだけ繊細で、緻密な組み立てが必要だったということだ。

「97年から用意してカリキュラムの青写真ができあがったのが98年。まるまる1年を費やしました。青写真ができて初めて私は、APUの歯車がカチッと噛み合ったような感じがしました。これも立命館が得意とした教員と職員がそれぞれの持ち味を発揮して連携する教職協働が身を結んだ結果だったと思います。教員だけだと理念論議を盛んにやって終わったかもしれないことを、職員が議論の現場にいろいろな材料を集めてきて、改革の実現につなげていく。そうして構想と現実が結び付きながら具体化に一歩ずつ進展していく。そんな動きになっていった。立命館大学のびわこ・くさつキャンパスを新設するときもそうでした。これまでの立命館の経験と知恵がプラス、プラス、プラスに連鎖反応を起こして、この大学、実現できるぞと確信できたんです」（慈道氏）

ただし、2000年に開学して大学を運営していくとカリキュラムには細かな不備が無数に見つかった。学生が揃っていない新設大学ならではのアクシデントもあった。

たとえば1期生の学生の中には、1回生の前半でたくさんの単位をとってしまったためにすぐに専門科目の講義を受講したいと言い出す者が出てきた。ところが、この時点で大学にはまだ2回生も3回生も4回生もいない。上回生向けの専門授業を用意していない。「ちょっと待ってくれ」というしかなかった。

「外国人教員が50％」という大学教員のマネジメントも、従来の日本の大学とは別のやり方をとる必要があった。慈道氏は語る。

「外国人はもちろん日本人でも国際的な環境で教育を受けた人は、はっきり自己主張します。自分で提案したことについては、権限を与えてほしいと言ってくる。会議で話し合って決めていく日本型の組織にはなじみにくい。教員の多くは外国人。これまでの『話し合い』で決める方法をとったらうまく運営できない。さて、どうしようかと悩みました」

1人の教員が日本語と英語の授業を両方やることも

慈道氏は、いったんアメリカの大学のように、それぞれの教員のミッションを明確に決めて伝えることにした。アメリカ型の現場マネジメントの手法をとったのだ。

「日本の場合、組織の中に入ってしまうと、個人がそれぞれどんなミッションを会社から与えられているのかということが問題にならない。でも、アメリカなどでは、自分は明確にこれをやるんだ、という具合に組織の中でも個別にミッションが与えられる。ＡＰＵでも外国人教員に対してはこの手法をとることにしたんです。まずあなたのミッションはこれです、と明確に見せてあげる。この手法をとったおかげで、外国人教員が自己主張しすぎてＡＰＵの教員の組織がうまく動かなくなるような事態を避けることができました」

開学して3年目の２００２年にＡＰＵに着任した山神進特別招聘教授（理事補佐）は、法務省からアメリカの大学に留学し、国連難民高等弁務官事務所や外務省を経て、その国際経験を買われ、ＡＰＵに教授として招聘された。長年海外で仕事をしてきた山神氏だが、学生の半分が外国人でしかも50ヵ国から集まっているＡＰＵのキャンパスは「世界的に見ても実にユニークな存在」だと思ったという。

「開学した当初、ＡＰＵには、ＥＵに加盟する前のリトアニアや旧・東欧の国からの学生が何人かいました。新鮮な驚きでした。彼らはインターネットでＡＰＵを見つけて直接大学に連絡をしてきたというのです。成績が良ければ授業料を免除してもらえるうえに、英語で受験もできれば、授業も受けられる。『僕のためにある大学だと思いました』とリトアニアの学生は言っていましたね」

山神氏が着任した頃、APUには、その名も「アジア太平洋地域理解」という授業があった。この授業では、なんと前半を日本語で後半を英語でたった1人の先生が講義していた。

「私も何度か同じようなことをやりました。ただ、同じ内容を日本語と英語で講義しているうちに、こっちの頭が混乱してくるんですよ（笑）。今となってはおもしろい体験でしたし、APUらしい授業でしたね。それでも、専門性の高い授業だと1人の先生が英語も日本語も担当するのは難しくなってきます。現在はもちろん、1つの科目について英語開講の授業と日本語開講の授業が独立して用意されていますが」

今ではAPUで当たり前のように行われている「日英両言語授業」も、当初は日本語と英語の両方ができる先生の個人能力に頼っていたことがよくあったわけだ。また、さまざまな国から来た学生がいるため、国際関係の授業では論争が巻き起こることもしばしばあったそうだ。

「私がAPUにいた頃の日本の首相は小泉純一郎さん。彼は他の国の学生からもすごく人気がありました。ただ、中国と韓国の学生は、靖国神社参拝の問題で小泉さんに反感をもっていた。あるとき、私のゼミで日本人の女子学生と中国人の女子学生が大論争になったんです。私はある程度ヒートアップしないように声掛けはするものの、基本的には彼女たちの主体性に任せました。最後どうやって決着をつけたのかもう覚えてないのですが、２人はすっかり仲良くなっていましたよ。その議論を見ていても、遠慮せずに自分の意見を言う文化がこの大学には根づいているのだと、感心しましたね」

山神氏は今でもＡＰＵの学生たちのバイタリティに驚かされるという。

「ＡＰＵでは、アフリカのボツワナ大学に留学したいという国内学生が毎年いるんです。それもたいがい女子学生です。ＡＰＵを選んだ時点で、世界に挑戦してみようという学生が日本の中にも多い証拠ですね。頼もしいです」

ＡＰＵの意思決定スピードは他の大学とケタ違い

入学部長の近藤祐一教授は、学生の受け入れ以外にも、これまで教育カリキュラムの構築、大学教員の教育能力を高めるためのＦＤなど、ＡＰＵの教育全般に関わってきた。近藤教授がＡＰＵに赴任したのは２００６年。それまでは、愛知県の南山大学で新学部設置の仕事に携わっていた。

「実は、2000年にAPUが開学したとき、絶対に失敗するだろうと思っていたんです。私は母校が国際基督教大学（ICU）で、南山大学では国際教育を研究しており、大学の国際化に関してはずっと当事者でした。自分の経験を振り返ってみて、『3つの50』の実現は不可能だろうと判断したんです」

しかし、APUは失敗するどころか、開学と同時に「3つの50」を達成し、日本初の本格的な国際大学として海外からも注目を集めるようになった。「いったいどうやったらうまくいったのだろう」と思った近藤教授は、南山大学からAPUに移り、国際教育カリキュラムの構築を担うことになった。

初めてAPUを訪れた近藤教授の印象は、「関西弁で言うところの〝けったいな〟大学でした。というのも、意思決定のスピードがケタ外れに速い。これまでの大学の意思決定の速度が在来線だとするとAPUは新幹線の『のぞみ』。私はAPUに来て1年目で新規の教育プログラムを2つ計画しすぐに実行しましたが、普通の大学だと3年たってようやく1つのプログラムの準備が整い実行はまだ先というのが普通です」

では、次にAPUの2つの学部にクローズアップしてみよう。

Part 2　学問を混ぜて生まれた2つの学部
アジア太平洋学部／国際経営学部

国際問題を解決するためのリーダーを育てる「アジア太平洋学部」

ＡＰＵには、２つの学部、アジア太平洋学部（ＡＰＳ）と国際経営学部（ＡＰＭ）がある。どちらも、今後のアジア太平洋地域で起こる諸問題に対応し、よりこの地域を発展させることができるリーダーや専門家を育てるために開設された。

アジア太平洋学部では何を教えるのか？　振り返ってみれば、あえて「国際」ではなく「アジア太平洋」というくくりでグローバル志向の大学をつくろうというのがＡＰＵの出発点だ。初代学長の坂本和一氏は語る。

「１９８０年代終わり頃から、これからはアジア太平洋地域が人口面でも経済面でも世界の中心となるだろう、と私は予想していました。ならば、そんな『アジア太平洋の時代』を学問のかたちにしよう。そして、欧米からではなくアジアから発信できるよう。新しいコンセプトの大学をつくろう。そんな発想がAPU開学の源流にありました」

多摩大学学長でAPUの開学前を知る寺島実郎氏も、「アジア太平洋」というくくりがとても重要だった、と強調する。

「東西冷戦が終結した90年代、一般的には、国際化といえば、ひとり勝ち状態の米国を指していました。しかし、世界を広く見渡せば、米国をも含む環太平洋地域、つまりアジア太平洋全体が21世紀の経済や社会を牽引するのは明白。そんな時代を見越して立命館が『アジア太平洋』を学問にし、大学をつくるというのは実に慧眼だったと思います」

実際、21世紀になってから、アジア太平洋地域の成長ぶりは著しい。中国、韓国、台湾の東アジア勢が一気に先進国となり、東南アジア各国が急激に台頭するようになった。インドネシアをはじめアジアのイスラム諸国の成長ぶりも著しい。

そんなコンセプトでできたアジア太平洋学部がカバーするのは、「環境・開発」「観光学」「国際関係」「文化・社会・メディア」の4分野。以上を横断的に見据えながら、「アジア太平洋」という地域の視点を入れて考察する。アジア太平洋学部の学部長である轟博志教授は説明する。

「アジア太平洋学部がユニークなのは、専門分野を４つつくりながらそれぞれの分野を『混ぜて』研究する教員が多いことです。私の場合でいうと専攻は地理学ですが、学生たちには地理学をベースに地域の歴史や経済など教えています。また、アジア太平洋学そのものが新しい学問であり、それ自体の専任教員がいるわけではありません。したがって、教員の専攻は、歴史学、社会学、人類学、心理学、国際関係学と多岐にわたります。さらに、外国籍の教員も多く、中国、韓国、アメリカ、マレーシア、インドネシア、中東、ロシアなど出身はさまざまです。もっといえば、教員のキャリアも多様性に富んでいます。大学の研究者として研鑽してきた人もいれば、ビジネスの経験を経て教員になった方もいます。私自身、立命館大学を卒業して旅行代理店で働いたあとに、韓国の大学に入り直して研究職に転じました」

アジア太平洋学は、まだ学問としてひとつの体系になっているわけではない。その意味では、２０００年の開学以来、ＡＰＵのキャンパスの中で現在進行形でつくられつつある学問だ。アジア太平洋という地域に根差しながら、「環境・開発」「観光学」「国際関係」「文化・社会・メディア」の４分野に、さまざまな国からやってきたさまざまなキャリアを持つさまざまな専攻分野の教員が在籍し、学生たちと一緒に新しい学問をつくっている。

轟学部長によれば、アジア太平洋学部では、専攻の軸、地域の軸、キャリアの軸が、X、Y、Zの軸となって広がっているという。

「この三次元空間のどこかに、きっと学生の学びたいテーマがあるはずなんですね。たとえば、X＝観光を、Y＝東南アジア地域で、Z＝ビジネスの観点から学びたい、という学生がいたとします。すると、観光学の教員がおり、東南アジア出身の教員がおり、ビジネス＝経営学の教員がおります。学生は自分の希望に合わせて、この3分野を専攻すればいい。学びたいことが手に入る」

学生たちは、多様な科目から専攻したい授業を自在に組み合わせることができるわけだ。

もちろん、すべての学生が「今これが学びたい」という目標がはっきりしているとは限らない。そんなときは、教員が、学生に聞いて適切な学びのコースをつくるサポートをする仕組みだ。

アジア太平洋学部では、どんな教育が行われているのか?

大分県の地域と世界を「混ぜる」プログラムで新しい学問を

アジア太平洋学部の教育プログラムの大きな特徴、それは授業を通して学生と地元を「混ぜる」ことだ。

２００７年から3年間は、「泉都観光ルネサンス・プログラム」と称して、別府市を振興するための知識と実践を学生たちに体系的に身につける教育プログラムを実施した。１回生向けの「別府学入門」という授業では、別府市の起業家やＮＰＯ法人を立ち上げた人など、地域で活躍するさまざまなゲストを呼んだ。「別府学実践」という授業では、実際に学生たちに別府の町を調査させ、課題を解決させた。

「観光地である別府市は、日本国内はもとよりアジア諸国から観光客が訪れます。別府市の歴史を知り、魅力を知り、どうすればよりよい観光都市になるかを実践的に考えていく、というのはまさに生きた『アジア太平洋学』の学びにつながるわけです」

轟学部長を筆頭に、アジア太平洋学部の教員は、このように地元大分県のさまざまな地域を対象とした教育プログラムを常に走らせている。

「私の場合、大分県内では、日出（ひじ）、中津、宇佐、豊後大野といった地域にご協力をお願いし、学生たちを張り付けて、実証的な教育を続けています」

アジア太平洋学部による地域振興プログラムが世界的に実を結んだ例もある。

２０１３年5月、大分県の6つの自治体からなる国東半島宇佐地域が「世界農業遺産」に認定された。世界農業遺産は、国連食糧農業機関（ＦＡＯ）が伝統的な農業や文化、土地景観の保全と持続的な利用が図られている地域に対して認定するのだが、この地域が認定される背景には、アジア太平洋学部のヴァファダーリ・メッヘリージ・カゼム准教授と学生たちの尽力があった。

イラン出身のカゼム准教授は、ＦＡＯの世界農業遺産のサイエンティフィックメンバーでもある。カゼム准教授は、この地域の昔から続けられている農業に注目した。農業を介して人と自然とが循環する生態系を維持する先進的な取り組みがなされていたのだ。

カゼム准教授は国東半島の循環型農業の魅力をこう語る。

「国東半島は平野部がほとんどないうえに、雨が少ない。もともと農業には適していない土地です。そこで地元農家では、谷の上流部からため池をいくつもつくり、地域の田畑に分配し、水不足に対応する農地開発を行いました。まず、ため池の周りはクヌギ林を育てため池が崩れないように土留めとする。さらにクヌギを定期的に間伐して「ほだ木」をとり、シイタケを大量生産する。ため池の周辺では、畳の原材料としてイグサ以上に貴重な七島藺（シチトウイ）を育て、高級な畳の原材料として販売する。このように持続可能でビジネスとしても成功する農業をつくりあげたのです」

しかも、クヌギ林を管理し、ため池をつくって地域の水系を管理したことで、下流部の海辺の自然も豊かになったという。

「ミネラルたっぷりの水が流れ込み、プランクトンが豊富に育ち、魚種が増え、漁業も栄えるようになりました」（カゼム准教授）

カゼム准教授は、国東半島では人の手を介して農業と漁業と自然とがつながった生態系が実現しているのを発見し、「絶対に世界農業遺産になる」と考え、学生たちと持続的な調査を行い、論文をつくりＦＡＯに提出し、めでたく認定された。

世界農業遺産に認定されれば、国内だけでなくグローバルな知名度も高まり、観光客も来るし、農産物も売れる可能性が広がる。つまり地域も元気になる。

「私の仕事は、学生たちを大分県の各地域に張り付けて、新しい地元の魅力を発見させ、調査させ、論文を書かせるところから始まります。こうした研究をもとに、それぞれの地域の魅力を世に発信していく。学生たちにとってみれば、最高の『生きたアジア太平洋学』の授業となります」

世界基準のビジネスを学ぶ「国際経営学部」

国際経営学部は、「アジア太平洋地域」を視野に置きながら、ビジネスマネジメント分野に特化した学部だ。「会計・ファイナンス」「マーケティング」「経営戦略と組織」「イノベーション・経済学」という4分野があり、企業や行政、NPOで活躍できる人材を開発できるような実践的な教育を目指している。

ちなみに、国際経営学部の学生の65%、つまり半分以上が世界各国から集まった国際学生で占められる。なぜ、国際経営学部では国際学生の比率が大きいのか。

理由は明白。APUの国際学生たちは、アジアでいち早く先進国となった日本のビジネスは自分たちのお手本にうってつけ、と思っているからだ。

日本国内にとどまっていると日本の経済力は天井を打ち、日本企業は元気がない、というイメージが強い。けれども、経済成長まっただなかのアジア各国やアフリカなどからすると、「日本の経営」は自分たちに役に立つ優れたお手本である、と見なされているという。かくして将来各国のリーダーとなりそうなエリート層の学生が日本の経営を学びたいと多数APUにやってくるのだ。

では、国際経営学部は従来の大学の経営学部とどこが異なるのか？　国際経営学部長の大竹敏次教授が説明する。

「国際経営学部の特徴は、経営学のさまざまな分野を個別に学ばせるだけではなく、あえて『混ぜて』教えるようにしています。私自身、もともとビジネス分野で仕事をして起業も経験したのち、APUにやってきました。教員の中にはビジネスの現場にいた実務家がけっこう多いのです。そこで、経営学ひとつをとっても学者系の教員の授業と、実務系の教員の授業を『混ぜて』教える。つまり論理と実践をセットで教えるわけです。また、IT系の教員も拡充しています。経営学とITはもはや一緒に学ばなければ意味がありません。ビッグデータの解析やAI（人工知能）に関する知見なしで、21世紀のビジネスは語れませんから。このためこうしたIT分野の授業も必須科目にすることも検討していて、学生たちがIT音痴にならないよう指導しています」

国際経営学部では、国内学生と国際学生を混ぜ合わせるための「キャップストーン」というプログラムを2018年から導入する予定だ。キャップストーンとは、ピラミッドの頂上に置かれた石を指す。それになぞらえて、大学の4年間での学びを1回生から順に積み重ねていき、すべての知識を統合する意味で一番上にかぶせられるような4年目にとる科目を「キャップストーン科目」という。

専門知識がまだない1回生のときに、国内学生と国際学生がお互いの文化的背景を理解するための最初のワークショップを実施する。次に、2回生、3回生では経営学についての知識を身につけ、4回生になったときにもう一度国内学生と国際学生を意識的に混ぜ合わせ、グループをつくりさまざまなプロジェクトを実行させる。

どんなプログラムを学生たちにつくらせるのか？　たとえばビジネスの第一線で活躍する企業役員クラスのビジネスパーソンをゲストとして招き、企業の課題を解説してもらい、その課題をグループで解決していく授業を行う。企業役員を連れてきて、イベントを実行し、ディスカッションを行い、レポートをつくるまで、すべて学生たちが運営する。ゲストが日本語で話す場合は、国内学生が国際学生に英語で通訳する。そのうえでグループ内で意見を出し合い、有効だと思われる解決策をプレゼンテーションする。企業の現場と学校の勉強を混ぜ、国内学生と国際学生を混ぜ、自分たちで解決策をつくらせる。まさにA

PU流の「混ぜる教育」を体系的に行おうという試みだ。

学部レベルでは国際経営学部では、今後どんな教育を学生たちに施したいか、4つのゴールを設けている。1つ目が、ビジネス・エシックス（ビジネス倫理）。2つ目がファンダメンタルナレッジ・オブ・ディシプリン（基礎学問能力）。3つ目がインターカルチュラルコミュニケーション（国際文化の理解）。4つ目がグローバルパースペクティブ（国際的視野）。3つ目と4つ目は、キャンパス自体が国際化しているAPUの場合、4年間の大学生活で自然と身につけることができる。

そこで国際経営学部では、ビジネス倫理と基礎学問能力をきっちり教え込むカリキュラムを構築中だ。

また、APUの国際経営学部は、大学院のMBAコースと一緒に国際認証の取得に挑戦している。2004年からの1年間、そして2007年から2010年まで教学担当の副学長としてAPUに在籍し、京都の立命館大学の法科大学院で教授を務めた（取材当時）薬師寺公夫氏は、モンテ・カセム2代目学長のもと、国際的なビジネス教育の評価機関である「AACSB（*）」の認証取得を目指していた。

* AACSB＝the Association to Advance Collegiate Schools of Business の略称

ＡＡＣＳＢは、簡単に言うと世界基準で質の高いビジネス教育をしている教育機関であることを保証する認証だ。ちなみに、ＡＡＣＳＢを英語でとっている大学は、日本ではこれまでになかった。

「ＡＡＣＳＢをとるということは、大げさにいえば教育の大改革を行うことなんです。認証を取得するための条件は、教員資格を持っている先生が何割、実務面でのプロフェッショナル経験のある先生が何割いることといった具合に厳格に決められています。さらに企業出身の教員にも修士以上の学歴が求められる。日本の大学のＭＢＡにはそこまで厳格な基準はありません。本気で認証をとろうとすると教員のラインアップを一新するか、修士や博士号をとってもらうか、いずれにせよ、教員改革を絶対にやらなければならなくなります」

ＡＡＣＳＢの取得に際しては、認証をとっても4～5年ごとに審査があるので、質をずっと維持していく必要がある。

「世界標準のビジネススクールになれるよう、ＡＡＣＳＢの認証を取得しようと私自身が言い始めたときはこんなに大変なものだとは思いませんでした（笑）。審査にも数年がかかり、やっと取得できると聞いています。ＡＡＣＳＢが取得できれば世界中の学生へのアピールになるはずです」

ＡＰＵでは、ＡＡＣＳＢを取得する取り組みと並行し、同じくＡＡＣＳＢを取得しているアメリカ、オーストラリア、ウズベキスタン、台湾、ベトナムなどさまざまな国の大学との提携を考えている。提携先の大学とは、デュアルディグリーなどもふくめ、単位互換ができるようにするなどして「混ぜる教育」のコンセプトを世界の大学との間に広げていくという。ちなみにＡＡＣＳＢを取得している大学のビジネス系学部および研究科は世界の大学の約４％にすぎない。取得できれば、アジア太平洋に根差した世界基準の日本のビジネススクールが別府に誕生するわけだ。

ビジネス界の一村一品運動を探せ！ グローバル・ニッチ・トップ企業を研究

ＡＰＵの国際経営学部ならではの研究が、「グローバル・ニッチ・トップ」である。

今まで経営学では、世界市場でトップに立つような大企業が研究対象になるケースが多かった。ただし、「アジア太平洋」という地域で使える経営学とは何か、という視点に立つと、巨大企業がとりこぼしているさまざまなニッチ市場が見えてくる。「小さな市場」「隙間マーケット」で確固たる地位を確立した商品やサービスが世界で伍して戦っているケースは少なくない。

ＡＰＵでは、ニッチ市場からスタートした企業がグローバル市場で成功を収めるプロセスを研究するプロジェクトを２０１２年から科学研究費助成を受けて立ち上げた。地域や限定されたニッチ市場で、圧倒的に勝ち残っている商品やサービスは何かという視点で研究対象を探していくと、中堅企業やファミリーで経営している老舗などに、学ぶべきケーススタディが隠れていたりする。

「こうした限定された分野や特定の地域から、ひとつの市場でトップに立っている企業を『グローバル・ニッチ・トップ』と呼び、その研究を行っていこう、というのが私たちの狙いです」と大竹学部長は語る。

その大竹学部長が注目しているのは、農業や土木建設用の産業機械を製造販売している、福岡県の筑水キャニコムという「グローバル・ニッチ・トップ」企業だ。『男前刈清（はんさむきよし）』『草刈機ＭＡＳＡＯ』といった、面白いネーミングで画期的なデザインの草刈作業車などを発表している。「同社のビジネスのアイデアの元はすべて顧客の声からだそうです。顧客＝農家のひとがぼそっと『こんなものがあったらいいんだけど……』とつぶやいたことを拾い、かたちにしている。だからこそ、圧倒的な支持を得られるんです。これは大学経営も同じだと思うんですね。大学には、学生、卒業生、教員、企業などのステークホルダーがたくさんいて、その声をきめ細かく聞いて先回りしてきめ細かく反映していくことが、いい経営につながる。自分自身とても勉強になるケーススタディでした」

やはり、グローバル・ニッチ・トップの研究を行っている国際経営学部副学長のアルカンタラ・ライラーニ・ライネサ准教授にも話を聞いた。フィリピンから筑波大学に進学し、アメリカの大学に勤務したのち、韓国人の学者である夫とともにＡＰＵに就職した、まさに経歴そのものが「ＡＰＵ的」な先生だ。学生たちにチームを組ませロールプレイをお互いビデオに撮って編集し発表させる授業を行っている一方で、研究者としてはイノベーションとグローバル・ニッチ・トップについて研究を続けている。

「私が調査しているのは、台湾のナンバーワン自転車メーカーで世界的なシェアをかちとったジャイアント・マニュファクチャリングや、台湾会社デントロニクスの電気外科機器です。いずれも地域でオンリーワンにしてナンバーワンの地位を獲得し、そのまま世界的地位を占めるに至った企業です。研究の力点はイノベーション。結局イノベーション力を持つ企業がグローバル・ニッチ・トップになるケースが多いんです」

ライネサ准教授によれば、大分県はグローバル・ニッチ・トップの宝庫だという。

「大分県の地元の酒造メーカーで全国でも『いいちこ』で有名な三和酒類は典型ですね。そのケーススタディを同社の方に大学で発表していただき、学生たちにこんな課題を出しました」

――三和酒類がこれから海外に進出するにあたって、どんな戦略をとり、どんな国に進出すべきか。グループワークで考えなさい。

「国際学生が多いAPUならではのおもしろい意見がたくさん出ました。『いいちこ』はビン入り商品だけではなく紙パック入り商品がありますが、アメリカ人学生の意見では紙パック＝牛乳のイメージ。酒類が紙パックに入っているのは違和感がある。三和酒類が『いいちこ』をアメリカで発売するときには、商品パッケージは紙パックではなくビンにすべきだ、と。APUでは教室が多国籍なので、海外リサーチしなくてもこんなふうに生の世界各国の意見が出てきます。企業さんにも収穫のある授業になったのでは」

第1章でも触れたように、APUのある大分県自体が、関サバ関アジ、城下ガレイ、かぼす、豊後牛、麦焼酎といった農水産品から、別府や湯布院の温泉といった観光資源に至るまで、「グローバル・ニッチ・トップ」の事例にあふれている。

大分県は、世界各国で地域振興のお手本として注目され、フォロワーが続出している「一村一品運動」発祥の地である。それぞれの地元の「替えの効かない」商品やサービスを巧みにブランド化し、全国の、アジアの顧客を獲得してきた県だ。

「ＡＰＵも一村一品運動の流れの中でできた大学ですし、温泉街の山の中にある世界有数の多様性を誇る国際大学、という立ち位置が、グローバル・ニッチ・トップそのものです」と大竹学部長は言う。

国内だけでなく、アジア太平洋地域の「グローバル・ニッチ・トップ」の研究も進んでいる。２０１５年12月31日には、アセアン経済共同体が発足し、アセアンはひとつの経済体としてより大きなビジネスが展開できる地域となった。アジア太平洋地域の経済は大きな転換点を迎えようとしている。そんな中、ミャンマーやカンボジアなどの新興国では、政治的なリスクも踏まえたうえでその地に適した経営とは何かを考えていかなければならない。

「幸いなことに、ＡＰＵにはアセアン諸国すべての国から学生が来ていますし、卒業生もいます。アセアン地域のグローバル・ニッチ・トップの研究には、ＡＰＵの在学生と卒業生のネットワークを積極的に生かしていきたい」（大竹学部長）

理科系大学とタッグを組む

ＡＰＵには、現時点で自然科学系の専門学部が存在しない。２００４年から２０１０年まで学長を務めた2代目学長のモンテ・カセム氏は、ＡＰＵに文系学部しかないことに問題意識を抱いていた。都市工学が専門で、工学博士であるカセム氏は、これからはＩＴやバイオテクノロジーが経済を牽引していく時代だけに、理系の知見を「混ぜた」カリキュラムをつくらねば、文系大学は時代から取り残されてしまう、と考えていた。

そこでカセム氏は、カリキュラム改革を実践した。新たに理系学部をつくるかわりに、大学院でドイツのトリア単科大学と提携し両大学の学位を取得できる仕組みをつくったのだ。

ＡＰＵが最近イベントを共同開催した理系大学が沖縄科学技術大学院大学（ＯＩＳＴ）だ。ＯＩＳＴは２０１１年に沖縄で設立された。5年一貫制の博士課程を持つ大学院大学で、学生は世界中から集まっている。私立大学だが、ほぼ政府の補助金でつくられた戦略的な大学だ。研究者も世界中から招聘され、一流のラインアップを誇る。実はこのＯＩＳ

て、ＡＰＵも参考にしてつくられたという。

ＯＩＳＴとＡＰＵは、２０１６年の2月、共同でシンポジウムを行った。両大学の学生が、30年後の未来について語るという内容で、ＯＩＳＴからは日本人、フランス人、カザフスタン人、アメリカ人の学生が、ＡＰＵからは日本人、ウズベキスタン人、ケニア人、ニカラグア人、スリランカ人の学生が参加した。議論のテーマは、持続可能な資源、高齢化、宇宙旅行、人工知能など多岐にわたった。

ゲストは、ＡＰＵと親交の深い糸井重里さんと東京大学大学院理学系研究科の早野龍五教授だ。２人は東日本大震災の福島第一原発事故による影響をテーマに、科学の視点で考えること、実行すること、社会をつくることとは何か、について語り合った『知ろうとすること。』（新潮文庫）という本を出している（２０１４年9月）。発売半年で10万部を超えるベストセラーだ。２０１５年6月には、ＡＰＵのキャンパスでＡＰＵの学生たちと、まさにこの本を題材にシンポジウムを開いた経験がある（カラー口絵12ページ⑳）。

２０１６年2月のシンポジウムのきっかけは、ＯＩＳＴが糸井さんに「早野先生と『知ろうとすること。』を題材にぜひＯＩＳＴの学生たちに講演してほしい」と依頼したこと。それに対して糸井さんはこんな対案を出した。

「そもそも2015年6月にAPUで早野先生とイベントをやったのは、APUの学食で福島産の食材を使おうとしたところ、反対運動が起こったのでその無理解を解きほぐす助けになれば、ということが動機にあったんですよ。この本に関して単独の講義はやらないことにしているんです。だったら、いっそのことAPUの学生たちとOISTの学生を混ぜて、イベントをやりましょうか」

糸井さんのはからいでOISTとAPUがつながり、このシンポジウムの開催となった。イベントに同行した社会連携部長兼学生部長の牧田正裕教授は言う。

「文系のAPUの学生と、理系のOISTの学生が、ひとつのテーマについて話し合うのは、想像以上に面白い試みになりました。文系アプローチと理系アプローチでは全く違う意見が出たりする。思考実験としてもどちらの学生たちにもいい経験になりましたし、行司役を引き受けてくださった早野先生と糸井さんのおかげで、実りあるイベントになりました。OISTとはこれをきっかけに、定期的に協同プログラムを実施していこうと話しています」

カセム氏によれば、大学間でカリキュラムの情報を交換し合ったり、一緒に教育プログラムを開発するというのは世界的な流れだという。

「APUのカリキュラム改革の数年後に、ハーバード大学が50年ぶりにカリキュラム改革を行ったという発表がありました。それが、APUの新しいカリキュラムにそっくりだったんです。それを見て『やった！』と思いました、間違っていなかったな、と」

このように専門領域の異なる他大学と混ざっていく教育的な取り組みもAPUの中で進みつつある。世界中の大学が新しいかたちでの他大学との協働の取り組みを目指しているが、その先進事例が今後のAPUから出てくるかもしれない。

どんなところでも生きていける卒業生たち

APUで「混ぜる」教育の洗礼を受けた学生たちは、いったいどんな人材に育つのか。APUの卒業生を採用した企業からは、冗談めかしてこう言われることがある。

「APUの卒業生は、どんな場所でも生きていけそう」

まさに『ダイ・ハード』＝絶対死なないタフな人間が育つというのだ。ストレス耐性が高く、ピンチでも踏ん張る。アイデアをひねり出して状況を変える。学生たちは4年間、さまざまな人種、民族がごちゃまぜになったキャンパス環境と、日本語と英語とが入り交じった授業と、積極的に発言が求められる実践重視のカリキュラムで、意図的に鍛えられていく。

そして、世界中から集まった国際学生と国内学生とが、時にはぶつかりながらも友情を育んだ結果、世界のどこに行っても「友達」がいる、APUファミリーともいうべきネットワークができあがる。そのネットワークは日本のどこの大学に行っても、いや世界のどこの大学に行っても、決して得ることのできない「財産」だ。

アジア太平洋学部の轟学部長はAPUを「サラダボウル」のようなものと考えている。

「人種のるつぼ、という表現があります。80ヵ国の人間が集うAPUも人種のるつぼのような大学と言われることもあります。でも、私はちょっと違う見立てをしています。るつぼというと、ドロドロにすべて混ざってしまうイメージです。そうなると出身国の文化や習慣までもが溶けてなくなってしまうかもしれない。APUは素材を生かしながらざっくり混ざっているサラダボウルのようなところではないでしょうか。私の担当する『韓国学』という授業には、韓国人や日本人だけでなく、タイ人やベトナム人、中国人の学生も参加しています。そこであえて日韓の教科書問題なども取り上げる。各国の学生たちに自分の意見を言わせると、自国で受けてきた教育や民族感情が角ばったまま出てくる。その角ばった違和感は、全部つぶしてはいけないものだと思うんです。だからるつぼじゃなくて、さまざまな野菜がざっくり混ざり合っているサラダボウル、それがAPUだと思っています」

轟学部長の話にも出てくるが、APUの国際関係領域を学ぶクラスでは、まさに日中関係や日韓関係のような繊細な問題をあえて取り上げてディスカッションの題材にする。しかも、そのときにこんな縛りをつけて議論をさせる。それぞれは自国の代表としてではなく、先生が「あなたは北朝鮮の役」「あなたは韓国の役」「あなたは日本の役」とあえて出身国とは違う国のポジションを与え、ディスカッションさせるのだ。

「この方式でディスカッションさせると、それぞれの国の主張そのものが、お互いかなり偏っていることが見えてくる。結論を出すのが目的ではなく、そんな視座を学生たちに獲得させるための授業です」（轟学部長）

一歩間違えれば学校内で深刻な対立が起こってしまいそうなこうした「過激なテーマ」の授業が成り立つのは、APUの教育環境が背景にあるからだ。

「学生たちは、キャンパスで一緒に学び、一緒に遊び、一緒に暮らす仲間なんです。彼らはAPハウスで、各国をテーマにしたイベントで、カフェテリアで、いつも多様な国籍の人と出会っています。政治や歴史や宗教のバックグラウンドが違っても、みんな同じ普通の人間だということを身をもって知っている。国と国との間にある対立関係と、友達としての信頼関係は別なんだということを1回生の頃からからだで覚えている。だから、激しい討論を行っても対立が起きないんですね」（轟学部長）

今の時代、ＭＯＯＣＳ（Massive Open Online Courses）のようなインターネット講座を活用すれば、世界中の一流大学の講義が自宅で受講できる。ならば、もう大学にキャンパスはいらないのか？　わざわざ海外の大学に留学する必要はないのか？　違う。本当の異文化理解や、人としての交流は、インターネットだけでは永遠にできない。大学という場があるからこそ、教えられることがある。それは机上の学問だけではなく、ひととひととがぶつかり合うことで学べることだ。ＡＰＵという巨大なサラダボウルは、ＩＴが発達すればするほど、むしろその存在価値が増していくだろう。

ＡＰＵの「混ぜる教育」はすでに国の高評価を受けている。序章で紹介したように、２０１４年9月、文部科学省が定めるスーパーグローバル大学37校のひとつに選ばれたのがその証左だ。近藤祐一教授は言う。

「スーパーグローバル大学の認定は、ＡＰＵにとって『第二の開学』です。３つの50を実現し、それに呼応する教育カリキュラムを実現し、これまでの15年でＡＰＵ流のグローバル教育は軌道に乗った。次の目標は、世界のトップ校に比肩できる本当の国際大学になること。そのためには何をすればいいのか。世界の一流大学と同等の教育カリキュラムを用意できているか。アメリカの有名大学で評価の高い先生と同程度の授業ができる教員が揃っているか。世界中から集まる教員と学生を支える職員体制があるか。そういったことを考えながら、教育方法の改善やマネジメントの改革を進めています」

ＡＰＵを率いる是永駿学長はこう語る。

「文部科学省のスーパーグローバル大学創成支援事業に採択されたことで、日本の国家からはグローバル大学だと認められました。ならば、次は世界から認められる大学になろうと私たちは考えています。具体的には、ビジネスユニットを中心とした社会科学系の大学として、分野別でアジアの大学のトップ30を狙いたい。国際認証ＡＡＣＳＢが取得できれば、同じ認証をとっている世界の大学とつながって、教員や学生の交流、カリキュラムの共同化を図ることができます。つまり今度は、ＡＰＵの大学も学生も世界の大学や世界の学生と、どんどん混ざっていこう、というわけです。すでに、ロシアやモンゴルの大学なども協力関係をつくろうと動き始めています。将来的には、ＡＰＵをハブにして教員と学生とが世界の教育ネットワークの上で勉強したり研究したりするようにしたいですね」

ＡＰＵでは、すでに国際水準で学生たちの力だめしを行っている。世界のビジネススクールや大学で開催するビジネス・ケース・コンペティションに参加しているのだ。実際に存在する企業や機関の複数の課題に対して、参加チームが制限時間内に問題解決の戦略・提案を競うものだ。

２０１６年3月にカナダのブリティッシュコロンビア大学サウダー・ビジネススクールが開催する大会（Sauder Summit Global Case Competition）に、ＡＰＵの国際経営学部の学生チームが初出場し、カリフォルニア大学バークレー校、香港科技大学など世界9ヵ国の名門ビジネススクール１２校の中で3位に入賞した。日本からの参加はＡＰＵだけ。ＡＰＵチームはアメリカ、タイ、シンガポール、ベトナム出身の国際学生４名で構成され、このチームへの事前特訓などＡＰＵの教員がサポートをした。

２０１５年6月には、ＡＰＵを会場に「アウディ・ロバートウォルターズ・グローバル・ビジネスケース・コンペティション」（ＧＢＣＣ）を同大会学生委員会が主催した。これには、中国、香港、インドネシア、日本、フィリピン、ニュージーランド、シンガポール、タイ、アメリカ合衆国からトップレベルの大学やビジネススクール12校がＡＰＵに集結し、キャンパスや別府市内を舞台に日本と世界の学生チームがビジネス・プランを競い合った。

大会にはアウディ・ジャパン株式会社とロバート・ウォルターズ・ジャパン株式会社が特別協賛して、大会期間中にはキャンパスで車の展示なども行われて大会を盛り上げた。

こうした大会への参加の意義について、大竹国際経営学部長は、「ビジネス・ケース・コンペティションを通じて、APUの国際経営学部・経営管理研究科が掲げるミッションを理解、取得を促し、世界へ羽ばたく一助になると確信しています。学生には、このような機会にはぜひ積極的にチャレンジしてほしいですね。」と語る。

第3章

教員と職員を混ぜる
――「混ぜるマネジメント」

1990年代後半、
キャンパスができる前の風景

大学は、第一に教育機関であり、研究機関である。

けれども、大学は同時にさまざまな人間を「混ぜた」

巨大組織でもある。組織に必要なもの、それはマネジメントだ。

企業と異なり、大学のマネジメントが語られることはない。

ところが、教育と研究の機関である大学をゼロから創るとき

企業同様、優れたマネジメントは絶対に必要となる。

ベンチャー同様、さまざまな「創造」が必要となる。

ましてやAPUのように、国際学生が学生の半数を占め、

80ヵ国・地域の出身で、教員の半分も外国人というかつてない

大学では、マネジメントがしっかりしていなければ開学は不可能。

APUは、この難題を「混ぜるマネジメント」で解決した。

教育・研究畑の教員と事務方の職員とがタッグを組み、

ともにゼロから学部を創り、カリキュラムを創り、学生を集め、

大学のかたちを創った。教員と職員が一緒に働く「教職協働」。

その源流は、立命館大学の歴史の中にあった。

Part 1 「マネジメント」がAPUの革命の柱となった

「大学」は教育機関であり、研究機関であるが、一方で巨大組織でもある。たくさんの人間が働き、大勢の学生を抱え、監督官庁との交渉があり、学生たちを送り出す企業や、学生たちを送り出す高校とのつき合いがあり、他大学との競争もある。

巨大組織が持続していくために必要なものは何か。経営＝マネジメントだ。

ただし、企業の良し悪しを問うときには必ずマネジメントが話題にのぼるが、大学の良し悪しを問うときは、もっぱら入学偏差値と卒業生の就職リストがのぼるか、あるいは国際的な大学の研究機関としてのランキングがニュースになるかぐらいで、大学のマネジメントが正面切って語られることはあまりない。やはり市場で直接競争にさらされる企業と大学とでは、成り立ちが根本的に異なる、という側面はあるだろう。

ただし、大学のマネジメントの巧拙が絶対的に問われる瞬間がある。それは、「ゼロ」から学校を創るとき、大学を開学するときだ。

APUが「3つの50」という誰もが実現不可能と思った条件をクリアして、開学できた裏には、際立った「マネジメント」があった。

まだ形を成していない開学前の時期に、教員も職員も、生え抜きの人間も中途採用の人間も、関わったすべての人間が、ベンチャーの創成期のように「混ざり合って」新しい大学を創る。創造的なマネジメントがあったからこそ、今のAPUがある。本章ではAPUを開学させたユニークな「マネジメント」に焦点を当ててみる。

現在のAPUの事務組織を紹介しよう。

APUには8つのオフィスがある。その1つが、休学や復学、奨学金の申請などを担当するスチューデント・オフィス。いわゆる「学生課」だ。従来の大学の「学生課」といえば、学割や在学証明書などの発行をお願いする「窓口」。読者の皆さんも大学のマネジメントを担う「事務方」と聞いて思い浮かべるのはこの学生窓口だろう。学生時代は、学割をもらったりするとき以外に大学の事務方に接することはほとんどなかったのではないか。

APUのスチューデント・オフィスは、そんな従来の大学の「窓口」と様相を異にする。

ＡＰＵの大学生活で重要な位置を占める学生主催の「マルチカルチュラル・ウィーク」などの課外活動や学生たちの地域交流など学生生活全般をサポートしている。

大学のキャンパスで開かれるマルチカルチュラル・ウィークは、「インドネシアウィーク」や「スリランカウィーク」など、国をテーマにしたイベントだ。80ヵ国前後の学生たちが集まっているＡＰＵでは、毎週何かしらの「××ウィーク」が開催されている。主催者は各国各地域と日本を含めた学生たちの混成チームで、民族衣装に身を包んで、ダンスや音楽ミュージカル調の演劇を披露したり、屋台を出して民族料理を振る舞ったりする。イベントの主催者として多様な国籍の学生たちは、協力してそれぞれのウィークを企画・運営し、広報を行い、地域や企業に協賛を募る。かくして多文化の環境の中で自ら行動し混ざり合いながら一つのプロジェクトを成し遂げる経験を得る。イベントに参加する学生にとっても楽しいだけでなく、他国や母国の文化への理解を深める機会になっている。２０１５年秋には「大阪ウィーク」という日本の一地域に焦点を当てたイベントが大阪を本拠地とする吉本興業株式会社と江崎グリコ株式会社の後援で実施され、好評を博した。

多様な国籍の学生たちが集まっているＡＰＵにおいて教員だけでなく大学職員の積極的なサポートは欠かせない。新入生の国際学生の場合、日本語はほとんどできないし日本の習慣もよく知らない学生が大半だから、事務方の学生生活へのサポートは不可欠なのである。

それから、就職やインターンシップを支援するキャリア・オフィスがある。履修や成績、カリキュラムや留学プログラムに関係する業務を行うアカデミック・オフィスがある。研究支援をするリサーチ・オフィスがある。総務全般を担当するアドミニストレーション・オフィスがある。広報や社会連携、企業の研修生受け入れなどを担当する学長室がある。学生の募集や入試に携わるアドミッションズ・オフィスは、国内担当の課と国際担当の課に分かれている。海外からの国際学生を募集するための専門の課を開学前から用意してきたのは、在学生の半分が国際学生というAPUならではの特徴だ。

APUの事務組織の体制そのものは他大学とそれほど違うわけでない。ただし、APUの場合、他大学に比べて圧倒的に事務組織をベースにした「マネジメント」の仕事が前に出るケースが多い。理由は2つある。

日本を知らない国際学生をサポートする

1つは、APUが日本国内屈指の国際大学で、学生の半数が海外から日本にやってきた国際学生である、ということ。とりわけ新入生のとき彼ら彼女らの大半は日本語がわからないし、日本の生活様式も知らない。また、APハウスを2回生になって出たあとの下宿の世話やアルバイトの面倒なども必要となる。国際学生たちに対する授業以外の生活などのサポートも欠かせない。そんな体制があって初めて、APUという国際大学は持続できる。外国からきた国際学生をサポートする仕事の幅の広さと深さを考えると、さまざまなマネジメントを行う事務組織が積極的に機能する必要がある。

もう1つの理由が、APUが立命館の名を冠しながらも実質的にはゼロからつくりあげた新設大学だからである。どんな大学をつくるのか絵を描く。文部科学省に大学設置の申請をする。運営資金を調達する。施設を設計する。授業のカリキュラムをつくる。入試を実施する。事務手続きを制度化する。地元自治体や住民と話し合いを行う。……まさに「ゼロからのマネジメント」がなければ、大学の開学は不可能である。

そのうえAPUには、「3つの50」という条件を達成するため、世界中から学生を集め、外国人の教員をリクルートし、日本語と英語で2本立ての授業カリキュラムをつくる、という他大学には存在しない巨大な仕事がある。他大学でやったことがない仕事だから、そのマネジメントもゼロからつくりあげねばならない。

以上2つの理由から、APUでは、開学前はもちろん、毎年たくさんの国際学生が入学してくる現在から未来にいたるまで、教員が担う「教育」や「研究」と並び、職員が担う「マネジメント」が重要なのだ。

第1章でも登場した糸井重里さんがAPUに最初に注目したポイントも「大学って、教育だけじゃなくって、マネジメントがおもしろい」ということだった。糸井さんは言う。

「大学には、学生に教える先生＝教員だけじゃなくって、学校そのものを経営して回す、つまり〝マネジメント〟している職員たちがいる。僕はAPUという大学と出会って、はじめて知りました。つまり大学にも『経営』があるんだ、企業と同じじゃないか、と。大学をそう見立てた瞬間、俄然おもしろい場所に見えてきたんです」

教員と職員を混ぜて、海外の学生を集める

APUという大学のユニークさは、ある意味で開学前も現在も「マネジメント」が支えている。しかも、APUの場合、「マネジメント」の仕事に関して、開学前から教員と職員とが業務によっては「混ざって」一緒に行ってきた。

なかでも開学前に両者がいちばん「混ざって」行った仕事が、APUの開学から現在に至るまでもっとも重要な仕事のひとつ、海外の高校の生徒たちにAPUを志願し受験してもらう「大学の営業業務」である。開学前のAPUでは、この重要な仕事を教員と職員の混成部隊で行った。

そもそも海外から学生が集まってくれないと、「国際学生が全学生の50%を占める大学」というAPUの当初の「売り」は机上の空論となってしまう。けれども、開学前のAPUの知名度は当然ながら海外はもちろん国内でもゼロである。となると、ただ待っていても、志願者も受験者もまったく増えない。

そこでAPUでは、自ら海外の高校に出かけて、「英語ですべて授業が受けられる新しい大学が日本の大分県にできます。優秀な学生には奨学金も用意できます」と営業活動を行うことにした。

通常、日本の大学が留学生を募集する場合は、国内外の日本語学校とコンタクトをとり、その日本語学校から留学生を受け入れることが多かったそうだ。しかし、APUは海外のトップ高校に直接アクセスし、通常なら欧米の大学に留学するような優秀な海外の学生たちを日本にあるAPUへ導いたのである。

攻めの営業活動をしなければ、大学そのものがまだ存在しないＡＰＵに４００人の国際学生を集めることは不可能だろう、と判断したのだ。

１９９７年に京都の立命館大学のキャンパスにできたＡＰＵ開設事務局は、部屋の壁に世界地図を張り、たくさんの学生を受け入れたい中国や韓国といった国々、それに続く国々、という具合に国・地域のグループ分けと国別の入学者数目標が立てられた。現在アドミッションズ・オフィス（国際）の課長を務める亀田直彦さんは、当時のことをこう語る。

「着任した当日、ベトナムに行ってくれと言われました。翌日にはパスポートを持って行き、チケットを手配してもらって、１週間後には説明会に飛んで行ったんです。僕が開設事務局に加わったのは、開学の1年前。とにかく立命館学園全体で留学生４００人を集めてこなければいけなかった。計算上は、この国から何人、この国から何人……と積み上げていけば達成できるはずなのですが、本当に計算通りにいくのか内心はドキドキしていました」

今村副学長は当時韓国担当として韓国に何度も足を運び、１００校以上の高校を回った。

「今でも鮮烈に覚えています。台湾を訪れてＭＢＡスクールの合同説明会のイベントに出向き、そこで留学希望者に大学説明をしに行ったときのこと。イベントに顔を出していた日本の大学は、慶應義塾大学、早稲田大学、そして我々ＡＰＵぐらいだったでしょうか。世界の何百という大学がブースを構えているのに、日本からはたった数校しか来ていない。その光景を見て、これが世界の市場なんだ、日本は明らかに取り残されている、ここで僕らは競争しなければならないんだと実感したんです」

ＡＰＵの持っている切り札は「日本語がまったくできない学生でも英語ができれば入学でき、大学の専門授業と日本語を学ぶ授業を受けて卒業できる」、日英2言語で授業を用意していることだった。これで、世界中の留学生に門戸を開くことが可能になった。そこまで徹底して英語で開講されるカリキュラムを組んだ日本の大学は90年代後半の時点で他にほとんどなかった。

学生を集める仕事に関しては、当初より教員と職員がタッグを組みチーム単位で各国の高校に営業をするかたちをとった。

ＡＰＵ開設事務局ができた97年、教員と職員はアジアを中心に世界中の高校など各国を訪ね始めた。このとき初めてパスポートを手にした者もいた。試行錯誤を繰り返し文字通り不眠不休で世界中を飛び回った結果、年内には２００以上の中等教育機関から国際学生推薦に関する協力表明を得ることができた。

混ぜるマネジメントで「３つの50」を開学の２０００年から達成！

もちろん、海外での学生募集がすべて順調にいったわけではない。ＡＰＵに対して当時の文部省から大学としての認可が下りたのは、２０００年４月開学のわずか４ヵ月前、１９９９年12月である。各国の保護者の中にも、認可が下りていないことを心配する人は多かった。コンセプトに共感はするけれど、大学そのものができていないのでは子どもを日本に行かせるわけにはいかない、と。

この時点ではキャンパスも建物も完成していなかった。パンフレットに印刷されたＣＧのイメージ写真しか見せるものがない。大学のカリキュラムもコンセプトシートにつづられた簡素なものしかない。建設予定地は、別府市の街中から離れた山の中腹の荒れ野。なまじ見学に来たら、よりいっそう不安に思ってしまう場所だ。

「初めて建設予定地を見た日は小雨が降っていて、霧が出ていました。そうするとね、山のふもとの街も海もまったく見えなくなってしまう。周囲にはだだっ広い草原が広がるだけ。どこかの荒野に放り出されたような感じです。言い方は悪いですが、この風景だけ見るとんでもない原野商法にひっかかっちゃったのか、と思っちゃうようなところ（笑）。今でこそ、ＡＰＵの景観を褒めてくださる方はいっぱいいらっしゃる。でも、この地を最初に訪れた時、この大学が海外からの留学生たちでいっぱいになるのが、自分で大風呂敷を広げながら、想像できなくなってしまいました」今村副学長は振り返る。

ＡＰＵ初代副学長の慈道裕治氏も、開学までに一番大変だったことは海外からの国際学生を確保することだったと振り返る。

「私は、韓国、中国、台湾、インドネシア、マレーシアなどの国々を回っていました。特に韓国は採用の責任者として3つのチームを編成し、1週間ずっと各地の高校を訪問するツアーを実施しました。キャンパスも何もなく、構想だけがある状態。『ＡＰＵに来れば世界各国の学生が集う、本物のグローバル環境で学べます。アジアの青年のためのまったく新しい学びの場です。ぜひ、学生を送ってください』と、説得し続けました」

それでも、97年からＡＰＵ開設事務局が発案した「教員と職員を混ぜて国内と海外の有力高校を行脚させる」営業戦略は効果をあげた。

教員同士・職員同士ではなく、必ず教員と職員の混成チームで行脚したのがポイントである。それぞれの国や地域について専門研究を行っていたり留学経験があったりする教員が、職員とタッグを組む。何度も現地に足を運び、まだ影も形もないＡＰＵという大学の広報宣伝を海外の高校や国内の高校などに対して行い、受験者を募った。

「海外の優秀な高校生に何をアピールしたらＡＰＵを受験してくれるだろうか？」

職員と教員とがともにアイデアを出し、本気で高校の先生を、親御さんを、高校生を説得した。説明会では教員がＡＰＵの描く方向性を語り、担当国との関わりを語り、職員は、手続きや日本での生活に不安がないよう「こんなフォローをしますよ」とサポート態勢を説明する。教員職員の混成チームは、お互いの得意分野を生かしながら、ＡＰＵファンを現地に増やしていった。

その結果、ＡＰＵでは、初年度の２０００年、なんと９０２人の新入生中４２１人の国際学生を集めることに成功した。国際学生比率50％の条件をほぼ達成したのである。

教員と職員のトップが「混ぜるマネジメント」を成功に

ＡＰＵの掲げた「３つの50」は、実現不可能と思われていた。にもかかわらず、開学当初から実現できた本当の理由はなんだろう。開学前後を知る職員たちに聞いた。

アドミッションズ・オフィス（国際）課長の亀田直彦さんは語る。

「トップが不退転の決意を持っていたからでしょうね。トップというのは、教員のトップである坂本和一ＡＰＵ初代学長と職員出身の川本八郎理事長（当時）です。この２人が、ＡＰＵの開学の条件である『３つの50』を妥協せずに絶対に実現する、という強い意志を世界中に表明していました。チームのトップ自らが明確に方針を定めているわけですから、部下の私たちはそれに共感し、目標達成のためにひたすら走る。大変でしたがミッションが明確だったので迷うことはない。トップの『ぶれない』決意はとてつもない迫力であり、エネルギーでした」

坂本初代学長は、大学のコンセプトを考え、教育・研究部門での人集め、すなわち教員募集の陣頭指揮をとった。川本理事長（当時）は、第５章で詳述するが、ＡＰＵの開学に不可欠だった企業からの寄付金集めや政財界への協力申し込みを先頭に立って行った。大分県・平松前知事に対しては２人で対応した。つまり、専門の仕事とタッグを組む仕事をトップの２人がうまく使い分けていた。

ＡＰＵの開学に際して集められた立命館大学の現場職員たちも、事務局次長の村田陽一さんによれば、「各部門のいわばエースが集まっていたんです」という。

「90年代の立命館の改革の中心人物が結集しました。これまで日本になかった全く新しい大学を創るという大仕事に対して、みんな『こんな職員冥利につきる仕事はない』と燃えていました。この現場の情熱が成功の要因の一つだったと思います」

リサーチ・オフィス課長補佐の溝部久美さんによれば、APUの開学のコンセプトが明確だったので、仕事はきつかったが、目標が現場でぶれることはなかったという。

「教員も職員も自分たちがやっていることを信じていました。いろいろな国の学生と日本の学生を一緒に育てる。その子たちがこれからの世界を担う。キャンパスもないのに高校生を勧誘しているときは、ない壺を売っているようなものに見えたかもしれませんが(笑)。でも、自分が売っているこのかたちのない商品に対して、自信があったんです。これは絶対にいいものなんだって。その信念が成功を呼んだんじゃないかと思っています」

アドミッションズ・オフィス(国際)課長補佐の大屋仁美さんはこう語る。

「APUのプロジェクトに参加したスタッフは皆片道切符でした。APUの立ち上げのために中途採用された人はもちろん、立命館から来た職員も『失敗したら立命館に戻ればいい』とは思っていなかった。学生が集められなかったら大学が成り立たない。失敗したら帰る場所がない。そんな背水の陣の意識があったからこそ120%の力を出せました」

別府の山に、新入生が世界中からやってきた

初めて海外からの見学者たちをキャンパス予定地に連れて行ったときのことを今村副学長は振り返る。

「1999年1月、韓国から視察に来た高校の先生と父母、そして高校生たちを、APUの建設予定地に連れて行きました。ようやく工事が始まったばかりで、山の中腹の吹きっさらしの寒い野原に連れてきました。正直、大丈夫かな、逆効果になるんじゃないかな、とも思っていました。開学まであと1年ちょっとしかないのに、まだ建物すら完成していないわけですから。でも、一緒に来たある高校生がこうつぶやいたのを聞き逃しませんでした。『この大学は、僕のために創られる大学だ』。こう思ってくれる学生たちがいれば、APUはちゃんと羽ばたける。あの一言に勇気をもらいましたね」

このときの韓国人高校生、金容贊《キムヨンチャン》さんはAPUの1期生となり、卒業したのちは研究の道を歩み、現在は立命館大学で国際関係学や語学の授業を担当する非常勤講師として働いている。開学前からAPUに熱い思いを寄せ、韓国に設けられたAPU韓国事務所に入り

浸っていたという金さん、「今は京都や大阪のキャンパスで教えていますが、将来的にはAPUで教鞭をとりたいですね」と目を輝かせて語ってくれた。

当時理事長を務めた川本氏は言う。

「APUがまだ影も形もないときから、海外から応募してくれた学生、教員に職員、大分の人々、寄付してくださった企業のトップ、あらゆる関係者をひきつけたのは、最初に掲げた『これからのアジア太平洋地域をリードする人材を育てる、真のグローバル大学を創ろう』という理念に皆さんが本気で共感してくださったからでしょう。しかも、到底クリアできそうにないと思われた、『3つの50』という高いハードルを掲げたから、よけいロマンを感じて、このハードルを超えるために力を尽くしてくれた。私はそう思っています」

2000年3月末。いよいよ開学を控えた春。

新品のAPUのキャンパスのすぐ隣には、高速道路のサービスエリアがある。大分空港から高速バスに乗ってきたさまざまな国の新入生たちがサービスエリアで次々と降りて、重そうなキャリーバッグをずるずると引きずりながら、眼下のキャンパスに列をなして歩いてくる。

「ああ、大学が始まるな」

今村副学長はこのときの風景を今も鮮明に覚えている。混ざる大学はここからスタートした。

スーパーグローバルも「混ぜるマネジメント」で

現在、学生募集の仕事は、事務組織のアドミッションズ・オフィスが担っているが、大学が開学したのちも、APUでは意図的に教員と職員を混ぜてチームをつくり、さまざまな創造的な仕事を行っている。

たとえば、大学入試の面接に関しては、今も教員と職員がペアで行っている。大学にとって最大の課題のひとつは、優秀な学生の確保だ。教員と職員の双方の視点で面接を行うことで、APUにふさわしい学生を選ぶことができる。

交換留学を希望するAPUの学生を選抜する際の面接も、教員と職員の混成チームが行っている。他大学でこうした面接はもっぱら教員のみが担当する。職員は直接関わらないかせいぜいアシスタントとして教員の横につくケースが多いという。

しかし、APUでは必ず教員と職員が肩を並べて交換留学の希望者を面接する。教員は学生の勉強ぶりや成績をチェックし、職員は学生の留学適性や性格などをチェックする。いわば、事前のカウンセリングを職員が行うわけである。事務組織の日々の仕事を通じて、学生と距離の近い職員たちがたくさんいるからこそ、こうした対応が可能なわけだ。アカデミックな観点からのアドバイスと個人の資質を見たうえでアドバイス。教員と職員が力を合わせて、学生の交換留学を成功に導くのだ。

ＡＰＵは文部科学省が選定した37のスーパーグローバル大学に認定された。それを受けて、ＡＰＵでは、自校をよりグローバルな大学として「進化」させるプロジェクトが発足しているが、このプロジェクトも教員と職員の「混ざるチーム」が主人公だ。

２０１５年の夏には、教員と職員の混成チームが、国内外の大学を訪問した。教員と職員が一緒に訪問することで、対象となった大学のことを多角的に分析できるからだ。教員は授業のあり方や科目の体系化に注目し、職員は学費や入学戦略、授業以外の生徒の成長ぶりをチェックする。お互いの視点を生かしながら、他の大学の優れた部分を学ぶ。その学びをフィードバックして、ＡＰＵの進化の糧とするわけである。

職員としてＡＰＵの開学時の立ち上げに取り組んだ立命館大学教学部次長の石坂和幸さんは、教員と職員が混ざって仕事をする効用についてこう話す。

「学生たちがAPUで得られる学びは、授業とキャンパスライフの両方があります。国籍の違う学生たちのキャンパスでの交流やAPハウスでの共同生活そのものが異文化体験。つまり日々の生活からさまざまな学びがあるわけです。APUでは、教員と職員の混合チームが学生たちをこの大学に受け入れ、教育の現場では教員が多文化環境の中で授業やゼミを行い、学生生活全般においては職員たちがサポートをする。就職活動においても、社会で役立つ授業を教員が行い、職員が実際の就活をサポートする。APUの多文化教育は、教員と職員が混じり合い、役割分担することで実現しているのです。その意味で、APUの教員にはマネジメントの視座が求められますし、職員には教育の視座が求められます」

教員と職員がタッグを組んで仕事をする、APUのユニークな「混ぜるマネジメント」。その源流は、実は京都の立命館大学の中にあった。次項で掘り下げて見ることにする。

Part 2　立命館から受け継がれた「教職協働」の精神

教員と職員が「混ざって」マネジメントを行い、学生を教育する。教員と職員が同志として仕事をするAPUのこの「校風」は、立命館大学にルーツがある。

今から30年以上前、立命館は大学改革に手をつけようと狼煙を上げている真っ最中。数年後には矢継ぎ早の新学部設置、新キャンパス開設が行われる。そのときすでに、「職員と教員の協働化を推進すること」が強調されていたという。さらに「学生に対する教育責任は、職員も教員と協同の関係に立つとされ、助けあって仕事をするものだ」とも。まさに、前項で開設した職員と教員の「混ぜるマネジメント」の説明そのものである。以降この考え方は「教職協働」と呼ばれ、立命館の大学運営の基礎となった。

その後、学内で「教職協働」が謳《うた》われることで、立命館大学では、教育・研究部門を担う教員と大学の事務を担う職員とが一緒に仕事をするようになった。教育・研究と事務というそれぞれの専門職を超え、「いい大学を創る」という共通目標に立ち、具体的な施策を考案し、実行する。立命館大学では、ここで「マネジメント＝経営」という概念が明確になった。

「マネジメント」の大切さを自覚した立命館大学は、怒濤の新学部と新キャンパスの開設を実現した。ＡＰＵもその流れで生まれた。新学部をつくるときも室長や副室長が教員ならば事務局長は職員から出すというように意識的に「混ぜる」チーム編成を組み、教育・研究と事務の両側面から大学をマネジメントする体制を整えた。

さらに、この「混ぜる」マネジメントの体制がうまく機能した裏には、立命館はもともと職員が学生の面倒を見ることに熱心な大学であるという文化的背景もあった。「職員と学生の距離が近い」というのはＡＰＵの特徴だが、立命館大学からの伝統があったのだ。職員が大学の現場＝学生たちをよく知っている。だからこそ教員とタッグを組んで大学マネジメントを自覚的に行うことができた。

慈道ＡＰＵ初代副学長は、立命館の改革が進展したのは「教職協働」の伝統があったからだと語る。

「教員だけだと理念先行の議論で前に進みにくいところを、職員が現場に足を運びいろいろな材料を拾ってくる。結果、構想が現実と結びつきながら具体化していったんです。どちらか片一方では進まなかったでしょうね」

APUの開学はベンチャーのようだった

APUの開学は、大学を創るというよりは創業したばかりのベンチャーのようだった――今回、複数の当事者からこんな言葉を聞かされた。

APUの開学が決まったとき、立命館では新規の職員募集を行った。その際、あくまでAPU専任というかたちで募集をかけたという。京都の名門立命館大学に就職するのではなく、まだ影も形もない壮大なコンセプトだけがある大学APUの仕事です、と。このため、そこで働きたい、あえて働きたいという人が外部から集まった。「大学職員」という響きにある「雇用が安定していそう」「無理のない働き方ができそう」と応募した人はいなかったという。ベンチャーに就職するような気概でやってきた進取の気質を持った人材がそろっていた。

1997年にAPU開設事務局が京都の立命館大学の衣笠キャンパスに設置され、同じフロアにAPUで働く予定の教員と職員が席を並べた。

坂本和一初代学長の執務室も同じフロアにあり、現場の状況を逐一把握していた。そこで教員と職員とがAPUのコンセプトについて議論し、全員が当事者意識をもっていた。お互いの姿が見え、お互いの声が聞こえていた。教員と職員が混じり合い、APU開学に関わる全員に一体感が生まれた。まさに現場レベルで「混ぜるマネジメント」が機能していたのだ。立命館の伝統「教職協働」はこうしてAPUに引き継がれた。

立命館大学教学部次長の石坂さんと同時期にAPUの立ち上げに携わった立命館大学国際部事務部長の大島英穂さんは、当時教員と職員の仕事がいかに混ざり合っていたのかを解説する。

「新大学や新学部の申請書類は、通常は教員が書くケースが多いんです。ところが、APUの場合、開学準備の段階では立命館の本体からAPUに移籍する教員が10人ほどしか決まっていなかった。申請書類の作成にとりかかれる教員の数が不足している。そこで職員が教員の人たちに教わりながら申請書類の大半を作成しました」

開学の現場は混沌としている。杓子定規に役割分担していたのでは仕事が止まってしまう。APUの開学の現場では、良い意味で仕事の「領空侵犯」が行われ、教員と職員とが補完し合って、新しい大学を創ろうとしていた。

開学準備の最初の段階からいた数少ない10人ほどの立命館大学の教員たちは、大学運営に対する理解があり、積極的に職員の仕事をサポートした。その文化は新しく移籍してきた教員たちにも受け継がれていった。ゼロベースだったからこそ、職員と教員が一緒にひとつの大学を創り上げる土壌ができたのだ。

新規採用で応募して採用されたある教員は「私のためにあるような大学ですね」と言った。APUの理念に共感して集まったのは、職員も教員も同じだった。

1999年、開学の1年前に着任した現在のアドミッションズ・オフィス（国際）課長の亀田さんは、着いてそうそう400人の学生を50ヵ国から集めるというミッションをオフィスの仲間と共に課された。当時を振り返り、「大学に就職したというよりも留学生リクルーティング部隊に放り込まれたという感じでした」と笑う。あまりにも巨大なミッションが目の前にあるため、議論を議論で終わらせず、すぐに実行するスピード感があった。

亀田さんは当時を振り返る。

「ベンチャー企業の立ち上げに参加したような感じでした。猛烈に忙しくはあったのですが、前例がない構想の大学だったので、案外プレッシャーはなかったんです。絶対実現させるぞという高揚感が初期メンバー全員にありました」「新しい大学を一からつくれるなんて夢みたいだと思った」「ハードワークでも、やりがいがあったから楽しかった」。当時の現場に参加していた教員も職員も同様に振り返る。

APUを引っ張ったマネジメントのリーダーたち

APUの開学が決まったのが1995年。開設事務局ができたのが97年。そして開学が2000年。実質6年未満で、かつてない国際大学を別府の山に創ることができたのは、以上のように教員と職員とを「混ぜるマネジメント」を立命館が実行したからだ。

創業ベンチャーのマネジメントは、ボトムアップの現場主義だけでは機能しない。崇高なビジョンと強烈なリーダーシップを持ったリーダーの存在が不可欠だ。

APUの準備室には、「混ぜるマネジメント」を率いるリーダーたちが、職員と教員の双方にいた。どんなリーダーシップを発揮したのか。改めてここで紹介していこう。

まずはすでに何度も登場している、当時の立命館理事長の川本八郎氏。川本氏は日本の大学ではまれな職員から学校法人の理事長になった人物である。APUの教員・職員の方々に話をうかがうたび、「すごい人ですよ」と名前があがっていた川本氏に直接話を聞くことになった。川本氏は、一見豪胆だが、実は非常に論理的で戦略的に仕事を進める人だった。その豪胆さを育てたのが立命館大学の学生課長時代の経験だった。

「1968年から1970年にかけての学生運動時代に、血気盛んな学生たちと真正面から向き合い、大学の秩序を守るため必死に体を張りました。集会で学生に槍玉にあげられても、一歩も引かないと決めてました。そのうち、学生運動のメンバーの間では『立命館には、川本っちゅううるさがたがおる』と話題になったそうです」

川本氏は当時を振り返る。かくして学内では教員や職員、そして学生からも一目置かれる存在となったのだ。

学生運動が収まった後も、立命館大学では学生の自治が盛んだった。学生は自分たちの権利を大学に対して活発に主張した。立命館大学の学生課で学生と向き合ってきた職員のDNAは、APUのマネジメントの中で受け継がれているという。

川本氏は、教員と職員の協働体制についてこう語る。

「学者＝教員は論理が仕事です。職員が提案する策に条理が立っていれば、心情的に反発があっても結局は賛同し、協力してくれる。だからこそ大学で新しい事業を始める際はロジックをしっかり組まないといけません」

また、川本氏には、「事業は休まず次々展開したほうがうまくいく」という持論があった。

「ひとつプロジェクトをスタートさせて、それがいったん終わると、結果について周囲のみんなはあれこれ言いたくなるでしょう。100点満点で終われるプロジェクトなんてそうありません。だから『ここが悪かった』『大変だった』『次やるときはこうするべきだ』なんて意見が出てくる。これがよくない。そこで立ち止まってしまうからです。一度立ち止まると、また走り出すのは大きなエネルギーが必要になります。そうではなく大学運営をリレーと考える。一つの事業は一人のランナー。そのランナーが走る距離を400mとすると、300m地点でもう次のランナーが用意をしますよね。リレーをつなぐように次々と事業を興せば、遠くまで行けるんです。APUも、びわこ・くさつキャンパスの開設事業からまったく時間を置かなかったらかえってスピーディーに開学できました」

このあたりの川本氏の視点は大学職員というよりも経営者のようである。こうして、雪玉が坂道を転げ落ちて雪だるまとなって大きくなるように、立命館は、新学部設置、びわこ・くさつキャンパスの新設と、プロジェクトを推し進めていった。そして、その集大成が、ＡＰＵの開学だった。

川本氏はその経営センスとロジックを武器に、初期ＡＰＵの財政面での土台をつくった。その話は第5章で詳述したい。

ピーター・ドラッカーも賛同してくれた

ＡＰＵの大学としての存在意義の土台、コンセプトを発信していたのが、坂本和一初代学長である。第1章でも触れたが、坂本氏は「ＡＰＵのコンセプトの根っこは１９８９年に出された『21世紀の立命館学園構想』にあります」と明快に語る。

この文書では、１９９４年に設置し理工学部のすべてを移転したびわこ・くさつキャンパスに焦点が当たっている。しかし、すでにアジア太平洋が主軸となる新しい時代がやってくる、それにふさわしい大学づくりをしなければいけない、という文脈が組み込まれているのだ。

この考え方は、当時他大学でも盛んに行われていた国際関係の学部新設の流れとは、一線を画していた。立命館なりの新しい国際化を志そうという意志がこの時点から芽生えていた。また、「留学生が学生数の半分を占める大学」というアイデアも坂本氏が平松前知事との対話の中で出したものだ。

そんなAPUのコンセプトに賛同した著名人の一人が、経営学者として高名なピーター・ドラッカー氏である。坂本氏は1998年にドラッカー氏の自宅を訪問し、APUの構想について語った。するとドラッカー氏は「この新大学設立の計画はすばらしいものだ」と言い、坂本氏と活発な議論を交わした。そして「相互理解を深めるには、20歳前後の若いときにともに学ぶことがきわめて重要だ。APUは日本で初めての〝外に向いた大学〟として評価できる。高等教育を通じてアジア太平洋地域を融合することは、世界の経済や社会についてもっとも重要な仕事だ」と熱いメッセージを寄せた。

一方、見切り発車で始まった新大学の設立プロジェクトは、当時の文部省からは極めて厳しい指導を受けた。

「初年度に1学年の留学生が400人というのは、これまでの日本の大学ではあり得ない数字だったんです。『とんでもない計画だ』と怒られました。もうそれ以来、担当者が会ってくれなくなったんですよ（笑）。だから、朝出勤される前にちょっとでも話を聞いてもらおうと、朝8時半から官庁で入り待ちをしたりしていましたね」

文部省には、坂本氏はじめ担当者らが開学まで合計25回足を運んだという。電話での打ち合わせも何度行ったかわからない。その間にも設立準備は進む。今度は留学生確保のために、全世界に教員・職員を送り出しはじめた。1つひとつの高校を回り、推薦で学生を送ってくれるように頼み込む。広告宣伝をする案も出たが、それでは心もとないと坂本氏は考えた。

「文部省とのやり取りで『どうしたら400人も毎年集められるのか、確証を示せ』と言われたことが効いていたんですよね。広く宣伝して、興味を喚起できたとして、本当に入学してくれるとは限らない。でも、1つの学校から1人、継続的に留学生の推薦を受けることができれば、確実な数が確保できると思ったんです。高校を回るというのは、オリジナルの発想でした。大学が学校同士で海外とネットワークをつくる時というのは、たいてい大学同士でつながるんです。それはそれで大事なのですが、学生募集にはあまり効果がない。だから、初めから高校に的を絞って回りました」

開学のぎりぎりまで、学生が集まる見通しは立っていなかった。開学の1年前、1999年には矢も盾もたまらず坂本氏自ら韓国の済州島に飛び、学生募集の現場に赴いたこともあった。当時のスタッフのなかには、「400人は無理です。その7割の280

人くらいでいいんじゃないですか」と言い出す人もいた。しかし、坂本氏はその度に「それではダメなんだ、留学生50％を達成することが大事なんだ」と檄を飛ばした。

2000年の1月、なんとか400人を超える学生の入学願書を手に入れても、坂本氏の不安は消えなかった。入学式近く、APハウスに続々と新入生が入ってくる。そこでもまだ、確信はもてなかった。

「『こんな山の上、嫌だ！』って、荷物を置いて帰っちゃうかもしれないと思ったんです(笑)。ちょくちょくAPハウスまで顔を見に行って、入学式に出席しているのを見て、初めてこの学生になってくれたという安心感が生まれました」

1998年からAPUの立ち上げに参画し、坂本初代学長の秘書的役割を果たした現在キャリアオフィス課長のポシリアス雅子さんは語る。

「APUの成功において、坂本初代学長の教育者としてのリーダーシップは欠かせませんでした。坂本先生がこんなに情熱を持って取り組んでいるなら絶対失敗しないだろうと思わせる何かがあった。その熱意に引っ張られて、職員1人ひとりも情熱があふれていました。『この大学ができることで日本が変わる。ひいては世界平和につながる』と真剣に思っていたんです。情熱を持った人たちが一つの方向を向いて走っていたら、そのプロジェクトはきっと成功しますよね」

情熱あふれる坂本初代学長を支え、現場との橋渡し役をしていたのが、慈道裕治初代副学長だった。現在APUの副学長は4人いるが開学当初は2人であり、慈道氏は教学、学生、入試などの分野を一手に引き受けていた。さまざまな課題が集まってくる交差点の整理係のような存在だった。

慈道氏が穏やかにかつ合理的に問題を解決していく様子を、初期の学生はよく見ていた。そこで、1期生が卒業するときに、同時にAPUを離れる坂本初代学長と慈道初代副学長にも卒業証書をプレゼントするというサプライズがあった。

「その証書に、いつもだーっと走り出す学長のそばで、よくサポートをしていましたね、といったようなことが書いてあったんです（笑）。1期生は、自分たちもAPUをつくっていく一員なんだという当事者意識が強い子ばかりでしたが、我々のこともよく見ていたんだなと感心しました」

現在APUの事務局次長である村田陽一さんは、1998年に開学前のAPUに入り、職員たちの優秀さに舌を巻いた。「仕事が早く知識が豊富で企画力もある。大学にも大企業のエース社員のような人たちがいるんだ」

立命館大学はAPUの開学前から「絶命館」とあだ名されるほど朝から晩まで熱心に働く人が多かった。大学業界においてかなり異色の文化だという。これからの時代はアジア太平洋地域が世界の中心となる。世界中から学生を集め、そんな時代のリーダーを育成する大学を創る。本来国家プロジェクトになるような大きな使命をもった大学を関西の一私学が創る。やってやろうじゃないか……。関わったスタッフ全員が思っていた。強烈なリーダーシップを持った経営者と、使命感を持った教員と職員たち。シリコンバレーの黎明期にベンチャーが立ち上がったような熱気が開設準備室にはあふれていたのだ。

著名な学者や企業経営者を別府に呼ぶ

2000年に入学した1期生が卒業してからも、APUは進化を続ける。

そのリーダーとなったのが、立命館大学を経て2004年から2代目学長を務めたモンテ・カセム氏だ。実はカセム氏、立命館大学にいたときにはAPUの開学に反対していた。コンセプトはすばらしい。しかし、別府につくること、文系学部しかないことには疑問がある。それでは日本を引っ張る真のグローバル大学には成り得ないのではないか、と。しかしその後学長のオファーがきて、カセム氏は考えを改めることにした。

「どうやら別府市との連携もうまくいっているようだし、私自身ちょっと大都市志向すぎたのかもしれないと反省しました。こんなに反対していた自分を学長に任命するということ自体、この学校の懐の深さを感じたんです」

なぜ反対していた自分を学長に任命したのか。川本理事長（当時）に聞いたときの答えを、カセム氏は今でも覚えているという。

「あなたは真剣に反対していた。それは軽く賛成している人の何倍もこの大学のことを考えてくれていたということだ。ＡＰＵが抱える問題の本質もわかっているだろう。だから、その問題を解決しにいってほしい」

そう言われたら、引き受けざるを得ない。また、カセム氏は坂本初代学長の苦労もよく知っていた。

「坂本先生のような苦労を私の次のＡＰＵの学長にはさせたくない、と思ったんです。坂本先生がつくった基盤をさらに強化し、成し遂げたかったけれどできなかったことを私の代で実現する。ＡＰＵのさらなる発展の道筋をつける。それこそが私の使命だ、と。学長として困ったときは、いつも坂本先生の顔を思い浮かべていました。坂本先生は本当に偉大な仕事をされた。0から1をつくるのは本当に大変なことなんです。後任として、私は幸せな立場にいたと思います」

カセム氏は、開学から4年の間に積もっていった課題を洗い出すことにした。まず学生の声に真摯に耳を傾けることから始めた。「学生の声を反映する場がない」「こんな辺鄙なところに大学をつくるからブランド力が上がらないんだ」……厳しい意見が次々と寄せられた。

立地についてカセム氏は学生たちに「UCLAのサンディエゴ校は、カリフォルニアのラホヤという郊外の小さな町にある。でも、全米でトップレベルの大学と言われている。それはどうしてだろう」と投げかけた。すると、学生もなかなかなもので「そうは言うけれど、あそこはUCLAの一校として、著名人がたくさん講義しにくるじゃないですか。APUにはそんな講義がないでしょう」と返す。

そこでカセム氏は考えた。ノーベル賞受賞者クラスの学者や大企業のトップが来て直接講義するようになったら、APUの学生たちももっと大学に誇りを持ってくれるのではないだろうか、と。カセム氏はかつて国際連合に勤務した経験もある。そのとき培った人脈でAPUに大物を次々と招聘して特別講義を開いた。カセム氏のこの動きは、APUがオープンな大学であるということのアピールにもつながった。

かくしてAPUは教育機関に限らず、企業や非営利組織など、外との交流が活発になっていく。また、スリランカ人であるカセム氏がAPUの顔として表に出ることにより、APUが日本人のための日本の大学ではなく、日本も含めたアジア太平洋全体の大学であることを強く外に印象づけることとなった。

企業人をスピーカーとして招くことは、学生の就職活動のサポートにも結果としてつながっていった。

「私は企業が大学にお金を出すといえば、研究支援のための費用しかないと思っていたんです。でも、トップに話を聞いてみると、即戦力となる人材を育ててくれるなら、そのために寄付をしたいという意見が出てきた。これは新しい流れだと思いました。そこでAPUには世界基準で活躍できる人材がたくさんいるからぜひキャンパスに来てください、というオンキャンパス・リクルーティングの流れをつくるきっかけにもなったんです」

カセム氏が発展させたAPUならではの試みはほかにもある。

そのひとつが本章の冒頭でも紹介した「マルチカルチュラル・ウィーク」だ。これは国際学生と国内学生とを「混ぜる」ために行われた。国際学生はともすれば同じ国同士で固まってしまう。それをそれぞれの文化を紹介するイベントを学生たちが主体となって開催することで、国の垣根を越えて交流が盛んになる場をつくった。その効果は、日常の学生の雰囲気に如実に現れた。2015年にカセム氏の友人の愛知県豊田市の職員がAPUを訪問したときのことだ。彼は、食堂を訪れて感動したという。それは、スマホを見ながら食事をしている学生がいなかったこと。みんなが顔をつき合わせておしゃべりしている。

「日常生活のなかで忘れがちな、人と人とが顔を合わせて会話することの大切さ、そしてそれが国境を超えて交流していることに感銘を受けた、と言ってくれました。私たちにとって、それはもはや当たり前の光景なのですが、その発端はマルチカルチュラル・ウィークだったと思います」

また、来学時に偶然マルチカルチュラル・ウィークのイベントを目にした大手総合商社の社長は、その規模や盛り上がりにおどろき、「あのイベントを企画した学生を紹介してほしい。明日にでも採用したい」と言った。企業で求められている人材とは、学術的な知識を詰め込んだだけの人材ではない。新しいことを発想し、企画に落とし込み、人を動かして実現できる人なんだ。そうカセム氏は感じたという。

カセム2代目学長のもとで、APUのテコ入れに奔走したのが、薬師寺公夫2代目副学長だ。薬師寺氏は当時、大学運営の内部システムを整理し、日英2言語によるマネジメント態勢を確立していった。

「APUに赴任したとき、ここは国連と一緒だと思いました。教授会も、面接も、すべての資料を2言語で用意しなければいけない。当然、日本語の文書のつくり方も変わりました。とにかく、短く、シンプルに。これによって、物事の考え方も変わったんです」

また、オープンに、公平に、という基本的な態度を一貫することで、外国人教員の不満も解消されていったという。

「大学の国際化というのは、基礎的な考え方の部分から変えていかないと、実現できないのだと実感しました。『国際学生が半分』という衝撃的なコンセプトからすべてが始まっているんですよね。国際学生が半分ならば日英両言語であらゆることを対応しなければいけない。そうなると、外国人教員の割合も増やさなければいけない。それにともなって、事務方も英語対応しなければいけない。ただ、この基礎ができてしまえば、他の大学では追随できない、真の国際大学として成長し続けられるんです」

ここに挙げた以外にも、APU創立にはたくさんの人々が関わっている。それぞれの「教職協働」の働きがあったからこそ、APUという奇跡的な学校が実現したのだ。

異なる仕事をうまく混ぜるのは結局「コミュニケーション」

ＡＰＵが、開学前から現在にいたるまで教員と職員がタッグを組んだ「混ぜるマネジメント」によって発展してきた大学であることはわかってきた。

通常、大学では、教員は教育・研究に携わり、職員は事務に携わるのが通常だ。仕事が「混ざる」ことを好まない教員や職員はいなかったのだろうか？

立命館大学教学部次長の石坂さんに聞くと、こんな答えが返ってきた。

「むしろ、開学前に教員と職員とが一緒に混ざって仕事をしたおかげで、今は良い意味で分業体制がとれている面もあります。大学によっては教員が事務関連の仕事を相当負わなければならず、本業である教育・研究の仕事が圧迫されるケースもあります。たとえば、学生の休学や留学など学籍の変更などの面接もすべて教員が行う大学もあります。教育上重要なケースを除けば、こうした仕事は職員がやればいい」

教育・研究と事務という仕事、普段はきっちり分業したほうが教員も職員もお互いに本業に専念できる。これは教員と職員が互いに尊重し合っているからこそ出てくる発想でもある。お互いがより多くの権限を持っていたいと考えるとこうした協働体制は生まれない。

通常の大学ではAPUのように大学の教員と職員は混ざっているとは限らない。なぜ混ざらないのか。職能の違いもあるが、教職協働による大学運営について研究してきた立命館大学国際部事務部長の大島さんによれば大学という組織の特性も関係しているという。

「国公立大学だと、組織が官僚化してしまい、現場の職員は実務をやるだけになってしまう。垂直分業制の組織になっているんです。部長クラスには、文科省のキャリア官僚が数年着任しては入れ替わっていく。職員は政策決定にまったく関与できず、新しいことをやる機会もない。そうなるとモチベーションは低下してしまいます」

役所的な組織と企業的な組織。大学がどちらを目指すかによって教員と職員の関係性、協働が可能かどうかが変わってくる。教員と職員が協力し合うというマインドセットを構築するには、何をすればよいのか。答えは単純。話す機会を設ければよいのだ。つまり教員と職員の間で「コミュニケーション」をちゃんととる。

ベネッセ教育研究開発センター「大学データブック2012」によると、「大学教育の質について教職員の間に対話があるかどうか」と質問したところ、教員と職員が相互に話し合う機会がほとんどないと答えた人が30％近くにのぼった。これは、教員同士だと5％

以下、職員同士だと20％弱におさまる。つまり、同じ立場同士だとよく話すが、教員と職員との間柄だと途端にお互い話さなくなる。

APUでは、大学における政策を決める委員会に必ず教員と職員の両方が出席することにした。自動的に互いに話す機会をつくったのである。その結果、職員が教員に「それはちょっと無理です」と意見をしたり、教員が職員側に「なんとかしてほしい」と依頼するようになった。遠慮なく意見を言い合える関係性が育まれたのだ。

「最近では大学院を出たうえでAPUの職員になる人も増えているんです」と立命館大学国際部事務部長の大島さんは言う。教員と職員の境目が曖昧になっている。職員と教員の多様性が増してくると、役割がオーバーラップするところも出てくる。分断されていては、組織がうまく回らなくなる。ダイバーシティマネジメントの観点からも、教員と職員が混ざっていることは必要なのだ。

APUではさらに、教員と職員の「混ぜるマネジメント」を加速している。教員にマネジメントに参画してもらい、授業の内容や質にさらに職員が関与をしていく。大学づくりを本気でやろうとすると、教員と職員の間に少しでも隔たりがあっては実現しない。教員と職員の全員を改革に巻き込むことで、APUは次のフェーズに進むことができる。

内部の人材に外部の人材を「混ぜる」

ＡＰＵの大学運営においては、教員と職員とがタッグを組む「教職協働」の立命館の校風が、ＡＰＵの「マネジメント」を成功させる最大の要因だったと明らかにした。

ＡＰＵの「マネジメント」でもうひとつユニークな点は、担い手の多くが「中途採用である」ことだ。ＡＰＵの教員と職員のプロフィールを眺めると、教員も職員も「中途採用」それも「一般企業」から転職という人がとても多いのである。一方で、立命館大学出身者が相対的に少ない。開学時に新しく募集をかけて集まった人の多くは、元大学職員ですらなく、大企業で海外留学経験があったり、外国語大学出身で英語が使えたりする人だった。即戦力として働ける人を採ろうとすると、立命館大学出身かどうかよりも英語力や国際的な経験があるかどうかの方が重視されるのは当然なのだ。

まず、是永現学長がそうだ。大阪外国語大学の学長として大阪大学との統合という一大ミッションを成し遂げてからＡＰＵに来た。アジア太平洋学部の轟学部長も、旅行会社で働いてから韓国の大学に留学し教壇に立ってからＡＰＵに来た。国際経営学部の大竹学部長も、アメリカの大学で博士号をとった後、ＧＥキャピタルの研究所に入所し、その経験をもとに自分の会社を立ち上げた経緯がある。現在のＡＰＵで主要な役職についている人のなかで、立命館大学出身で新卒からずっと立命館で働きＡＰＵ立ち上げに参画したのはむしろ少数派。事務局次長の村田さんはかつて日本ＩＢＭの営業マンだった。出身大学は立命館大学で生まれ育ったのは別府。まさにＡＰＵ向きの経歴である。

立命館は、ＡＰＵの開学を前に大量の中途採用を始めた。アドミニストレーション・オフィス課長の北村滋朗さんは、当時のことをこう語る。

「私が中途採用で立命館の職員になったのは、91年12月でした。それまで製紙会社で営業と経理を担当していたのですが、母校の立命館で中途採用があると聞いて転職しました。当時はびわこ・くさつキャンパスの建設に入ろうとする段階でこの頃から中途採用が一気に増え、職場の文化が少しずつ変わっていきました。端的に言うと、学校に一般企業の感覚が持ち込まれたのです」

北村さんが入った頃は、まだ昔の〝大学事務〟の雰囲気が残っていたという。朝9時に出勤しても後から遅れて出勤する職員もいた。職員の服装はポロシャツにスリッパ。電話がかかってきても、部署名も自分の名前も名乗らず、「あーもしもし」。

「あまりにルーズだったので、最初はのけぞりました（笑）。でも、毎年度20人ほど中途採用者が加わることで雰囲気は変わっていきました。ちなみに当時中途採用者のあだ名は〝外人部隊〟です」

北村さんは製紙会社での経理仕事で培った会計知識を生かしびわこ・くさつキャンパス建設における予算管理や契約関係に奔走した。〝外〟から来た人材が活躍することで、立命館の改革は加速した。このときのスピード感はAPUの開学後も減速することなく続いていく。先に登場したアドミッションズ・オフィス（国際）の亀田さんも異色の経歴の持ち主だ。APUに来る前は三井物産のプラント営業だった。バリバリの商社マンである。現在のアドミッションズ・オフィス（国際）のスタッフは約25人で半分は外国籍のスタッフである。

「オフィスメンバーの出身国はベトナム、インドネシア、アメリカ、オーストラリア、ケニア、メキシコなど。職場環境としては三井物産に勤めていたときよりもある意味でグローバルですね」

アカデミック・オフィス課長補佐（取材当時）の後藤裕子さんの経歴もユニークだ。大学卒業後に最初に就職したのはとあるITベンチャー。プログラマーとして働いてから大手家電メーカーの子会社に転職し2000年1月、開学直前に職員となった。2012年には研修制度で1年間アメリカに留学した。APUの職員には、学生時代に留学を経験した人も多いが、後藤さんのように職員になった後で留学するケースもある。キャリアの積み重ね方は人それぞれだ。後藤さんは語る。

「APUの職場は〝多様性〟が尊重されています。教員も職員もです。プロパーの職員もいれば、立命館一筋の教員もいれば、他大学から移ってきた人もいれば、大学と関係ない業界から転職してきた人もいる。私のようにAPUの職員になったあと留学させてもらえたスタッフは他にもいます。ずっと海外で暮らしてきて、現地の言葉についてネイティブスピーカー並み、というスタッフもいます。学生や教員同様、職員も外国人がたくさんいます。教員たちも職員たちも、これまでに働いてきた環境も仕事内容も多種多様。世界中から集まってきた学生たちと同じ。彼ら彼女らのサポートができるんです。私にはこの学生の気持ちがわからなくても、別の職員ならわかってあげられるかもしれない。多様な職員多様な教員がいれば、学生たちとの相性もまた多様に用意できるわけです」

APUと立命館大学のブランドをあえて「分ける」

「3つの50」に象徴されるAPUの「混ぜる教育」が際立っているのは、逆にいえば日本の大学の多くが「混ぜる教育」を実践していないから、ともいえる。見方を変えれば、APUは、「3つの50」を前面に出した「ブランド戦略」がうまくいった大学といえる。ブランド戦略を成功させるにあたって重要なのは、「誰も真似できない」「圧倒的な価値を」「独占して」プレゼンできること。「3つの50」はなかなか真似できない、圧倒的な価値である。

APUがユニークなのは、母体である立命館大学のDNAをたっぷり受け継ぎながらも、外から見たイメージでは、むしろ独立したブランド、独立した大学ととらえられていることである。象徴的なのは、文部科学省が選定した37校のスーパーグローバル大学の中に、立命館大学とAPUが両方とも選ばれていることだ。つまり、日本政府も2つの大学を独立した存在、独立したブランドととらえているわけだ。

是永現学長は、「ゼロから出発したからこそAPUができた」と断言する。つまり「ゼロ・トゥ・ワン」の大学なのだ。シリコンバレーの起業家であり投資家でもあるピーター・ティールが著した『ゼロ・トゥ・ワン』(NHK出版)には、「独占」こそが成功企業の条件である、と書かれている。APUは、「3つの50」を達成した時点で、初めから独占状態を実現した大学だった。つまり圧倒的なオンリーワンの「ブランド」を確立することでスタートを切った。

APUがもし京都の立命館大学の「新学部」としてスタートしていたら、「立命館大学」というブランドをより効率的に利用できる代わりに、「3つの50」のような斬新な目標を立て、新しい国際大学というブランド価値を打ち立てるのは難しかったかもしれない。

資本が同じでありながら、ブランドとしては独立している。立命館学園と立命館大学とAPUの関係は、ヨーロッパのブランドグループの世界では王道の戦略である。

たとえば、世界最大のブランドコングロマリット、モエ・ヘネシー・ルイ・ヴィトンLVMHグループ。ファッションのルイ・ヴィトンと洋酒のモエ・ヘネシーを筆頭にクリスチャン・ディオール、フェンディ、セリーヌ、ケンゾーなどのファッション、タグ・ホイヤー、ゼニス、ウブロなどの時計、ゲランなど香水化粧品、ドン・ペリニヨンやヴーヴ・クリコなど洋酒など60以上のブランドを抱えているが、消費者からみればひとつひとつのブランドは独立した存在。つまり「分けられて」いる。

自動車のフォルクスワーゲン・グループも、アウディ、ポルシェ、ブガッティ、ランボルギーニ、ベントレーと、大衆車のフォルクスワーゲンから、誰もが知るスポーツカー、スーパーカー、超高級車ブランドまでをも傘下に収めているが、消費者からみればやはりそれぞれのブランドは独立した存在。消費者の趣味と収入によって選ばれるブランドは異なる。

ＡＰＵも、立命館学園の一員でありながら、立命館大学から独立したブランドとしてスタートしたことが、今になって功を奏している。立命館学園としても、ＡＰＵを「分ける」ことで、既存の立命館大学とは異なる斬新なコンセプトの大学づくりが可能となった。ＡＰＵの躍進の裏には、「混ぜる」だけでなく、このように立命館学園の「分ける」ブランド戦略もあったのである。

第4章

大分・別府と世界を混ぜる。

APUの学生効果で
別府の温泉は国際化した。

「関さば関あじ」「城下かれい」「麦焼酎」「湯布院」……。

いずれも平松守彦前大分県知事の「一村一品運動」が生んだ、

地方発の全国ブランドだ。

実はAPUも別府の「一村一品運動」の成果。

国際大学と80ヵ国の国際学生が、大分県と別府市と混ざり合う。

APUと学生たちと地元自治体と企業と市民が挑戦するのは、

地方と世界を混ぜて新しい市場と新しい文化を作ること。

地域振興研究が進み、シャッター商店街が生まれ変わり、

ワールドカップ選手村をお世話し、地元銀行とムスリム文化の

研究を始め、自治体と一緒に外国人向け観光案内地図をつくり、

ローカルとグローバルが混ざっていく。大学から地方が変わる。

学生たちが「大使」となり大分と別府の魅力が世界に伝わる。

とはいえ、人口12万人の地方都市別府に80ヵ国3000人の

外国人の若者たちが暮らすのは、街が激変する「大事件」だった。

APUは、どうやって世界と地方を混ぜていったのか?

Part 1　関さば関あじ、湯布院そしてAPU

大分県別府市にAPUができる。それは人口12万人の地方の温泉街にいずれ3000人規模の外国人留学生がやってくることを意味していた。別府市民にとってみれば大事件である。

今や留学生やその家族、関係者を中心に別府市に滞在する外国人は4000人近くにのぼる。普通に考えて、地方都市にとってみれば何が起こるのか想像もつかないような大変化である。

別府市は、いち早く高齢化が進んだ地域だった。湯治目当てで定住する高齢者も多いうえ、医療機関が人口規模の割に発達していたからである。観光産業で栄えた町なので、飲食業や宿泊業が発達している一方で一般企業の数は相対的に少ない。つまり、会社員として働くビジネスパーソンが少ない。つまり若い働き手が街に流入しにくい。結果、別府市は「お年寄りの町」となっていた。そんな町に、若者が数千人規模で定住する。しかもその半分は外国人だ。何も手を打たなければうまく混ざるとは思えない。しかし——。

開学から16年、ＡＰＵは見事に地元別府市、そして大分県に混ざっている。

そもそもＡＰＵが大分県別府市にできたのは、当時の平松守彦大分県知事が地元振興の秘策「一村一品運動」の仕上げとして「大学誘致」を行い、そこに立命館の国際大学構想が当てはまったからであった。くわしくは第1章で紹介した通りだ。その意味で、ＡＰＵは立命館と大分県の間に生まれた「子ども」である。

坂本和一初代学長は「びわこ・くさつキャンパスがオープンして、一息ついていた絶妙なタイミングに誘致のオファーがきた。これは本当に時の運が味方してくれたんです。もう少し前だったら新キャンパス設立に忙しくてそれどころではなかったし、もう少し後だったらアジア通貨危機がきてしまっていた」と語る。

川本八郎理事長（当時）は「新大学の構想は、立命館としてはいったん神棚に上げておいたところだったんです。そこに当時平松さんが『お金も土地も用意する』と言ってくれた。そりゃあ、その気になりますよね。平松さんは、実行力と創造力のある稀有な方でした」と振り返る。平松前知事の声かけがあったからこそ、APUは今別府市にあるのだ。

このため大分県政レベルでは、「日本一の、いや世界一の国際大学を大分県で育てよう」という当事者意識がAPUの開学前から一貫してあった。

一方、地域住民や地元の街とAPUとがうまく「混ざる」ためには、開学前から開学後に至るまで、きめ細かいコミュニケーションが欠かせなかった。

地方活性のために大学を誘致しても、大学4年間を終えた学生たちはさっさと東京や海外や祖国に出て行き、それで大分県とも別府市とも縁が切れてしまう可能性がある。すると、大学が育てた人材が地元を活性化する、というサイクルは成り立たなくなる。

結果として、そうはならなかった。国内学生も国際学生も、別府を「第2のふるさと」「ホームタウン」と呼び、ことあるごとに戻ってきてくれる。日本で初めて経験した温泉のファンになり、アンバサダーを買って出てくれる。さらに大分県や別府市を大好きになって、そのまま地元の企業や役所に就職する人もいる。

今や別府市が温泉街としての顔と同時に、APUのカレッジタウンの顔を持つに至っている。そこに至るまでは当事者である国際学生たち、APUの教員や職員、別府市や大分県職員の「混ざる」ためのさまざまな取り組みがあった。

大学の研究と地域を混ぜる

アジア太平洋学部長の轟博志教授は語る。

「別府という町は、もともとよそ者が集まった町です。中世に瀬戸内海で活躍した村上水軍が住み着いたり、近代の関西の富豪たちが投資して区画整備したりと九州のなかでは異色の地域。だからこそ、私はAPUが別府に来たのは必然だと思っているんです。国際学生が来ても受け入れられたのは別府が外に開かれた、よそ者が集い続ける町だからです」

轟教授は、2006年にAPUに着任して以来、「研究成果を地域に還元することは、アジア太平洋学部の使命である」という考えのもと、さまざまな地域連携を行ってきた。

2007年から3年間は、別府市を振興する知識と実践を体系的に身につけられる教育プログラムを開発した。「別府学入門」という座学と「別府学実践」というフィールドワークの授業をセットで受講し、最終的には別府について卒業論文を書くというものだ。

「2008年からは、轟ゼミで日出町の町づくりのお手伝いをしています。APUは別府市内にありますが、物理的には別府駅に出るよりも隣町の日出町駅に行く方が近いんですよ。私の専門は古くからある道、〝古道〟の研究です。そしてAPUのある山の中腹から日出町に抜ける石畳の古道があることを知っていたんです。そこで、まずは、APUと日出町とのつながりを具体的に見せようと、ゼミ生と地元の人たちとでなたやハサミ、のこぎりで竹やぶをザクザク切って、この石畳の古道を復元しました。今や、時間はかかりますが、APUのキャンパスから歩いて日出町に行けるようになりました」

轟教授の授業では日出町の漁師を招くなど、積極的に地元と学生を「混ぜる」ようにしている。学生は漁師の話を受けてニュービジネスを考える。

たとえば、漁船を使ってどんな観光ができるか。漁船を観光タクシーのようにお客さんを乗せて別府湾を行き来できないか。そのときのルートはどうするか、お客さんが陸に上がってからはどんなレジャーを用意すべきか。

こんな具合にアイデアを考え、グループでプレゼンテーションをする。こちらは、「調査研究法」という2回生向けのゼミとして開講されている授業の内容だ。

ほかにも、祭りなどのイベントを開催するなど、さまざまな取り組みで日出町の活性化に寄与している。

「漁港でマルシェを開いて地場の魚を売ったり、空き家を使って展示会をしたりするなど、今では日出町の皆さんから、何かあったらAPUの学生と一緒にやってみよう、と考えてもらえるようになりました。このほかにもAPUの学生の力やアイデアを活用した町おこしのプログラムが大分県内18の市町村で行われています」

また、APUが別府市に誘致されるきっかけとなった大分県の「一村一品運動」の応援も行っている。APUの卒業生のチャネルを生かして、アフリカ、タイ、ベトナム、カンボジアなどに輸出されている。またハットウオンパク(*)にも協力してきた。一村一品運動で取り上げられた作物や商品は、

*別府八湯温泉泊覧会の略称。2001年に始まった別府市の地域おこしイベントで、全国的に反響を呼んだことから、北海道函館市の湯の川温泉や長野県上田市の鹿教湯温泉などでも、オンパクが開催されている

「APUが今度は現在進行形の一村一品運動を応援し、海外への市場拡大に寄与すると同時に、一村一品運動のコンセプトそのものもAPUの国際学生の母国に輸出し、現地での地域開発に役立っている。APUと地方とが有機的に混ざったことでこうした動きが起きました」と轟教授。

ほかにも第2章で紹介したヴァファダーリ・メッヘリージ・カゼム准教授による世界農

業遺産に認定された国東半島宇佐地域の研究などが行われている。

外国人アルバイトが別府の温泉街を若返らせる

大学の正規の教育やゼミなどを介してだけではなく、国際学生たちが日々の生活を通じて、積極的に別府市に混ざるケースもたくさんある。

APUのインドネシア人コミュニティ「APUIna」のリーダーを務める国際経営学部3回生（取材当時）のオクタ・バグス・イファナンディーさんは、取材の前に別府のモスクでお祈りをしてきたと言う。

「APUInaでは、インドネシアの学生に向けて、動画で別府の町について発信しています。別府の魅力を、母国の若い人にもっと知ってほしいからです。APUInaの活動では、地域との連携をとても大事にしています。毎週、大分の高校でインドネシア語の授業のサポートもしているんです」

ほとんどすべての国際学生はもちろん、地元出身者を除く日本人学生にとっても、大分県別府市はAPUに入学するまで「まったく知らない町」である。けれども、APUに入学してこの地に住むようになって別府の町が大好きになり、その魅力を祖国や自分の地元に伝えたいと考えるようになり、もっと地域に貢献したくなる学生は、日本人外国人にかかわらず数多い。実際、ＡＰＵの学生のなかには、帰省した先輩＝在学生や卒業生からＡＰＵの魅力を聞いて、入学を決意したという人が少なくない。

ルーマニア出身の卒業生で現在富士通の人事部で仕事をするバリカ・ミハイ・ダニエルさんは学生時代、平日はＡＰハウスで過ごし、週末は別府の街なかの家にホームステイをして、そちらの大家族にお世話になったという。

「餅ケ浜にある、10人くらいの大家族のお宅に泊まらせてもらっていました。ホームステイが終わり、大学を卒業してからも、別府市に行くときには一緒にごはんを食べたり観光したりと、ご縁が続いているんです」

学生たちは大学生活に慣れてくると、大学のある山を降りて〝下界〟でアルバイトをする。別府の町は東京や大阪のように店が多くない。それが、逆に功を奏した。別府にあるほとんどの店が、国際学生を受け入れるという体験をすることになったのだ。

別府の街を歩けば、普通のレストランや居酒屋で日本人を含む多国籍スタッフがアルバイトしている様子が見られる。コンビニ、スーパー、ホームセンターなど、どこへ行っても国際学生のアルバイトが働いている。結果、地元の人たちとAPUの学生たちとの心理的な距離は縮まった。

ダニエルさんはホテルでのアルバイトを通じて、日本文化を学んだという。

「ホテルの従業員はご年配の方が多い。これも同世代ばかりのAPハウスでの生活とは大きく違う点でした。ホテルの従業員には、一つ大事なことを教えてもらったんです。それはビートたけしのネタ『コマネチ』。僕がルーマニア出身だと話すと、ほぼ全員がやおら『コマネチ!!』と叫んで、足のつけねに沿って両手をV字に動かすんです。最初はポカーンとしましたね（笑）。え、なに?と。いや、体操選手のナディア・コマネチのことは知っていましたが、彼女が日本でこんな有名なネタになっているとは知らなかったので。知ってからは、もちろん宴会などで大いに活用させてもらっています（笑）。中高年の方には抜群にウケますね。ルーマニア人の僕じゃないとウケませんから」

日本語を学ぶだけでなく、日本人の中にどっぷりと溶け込んで、日本人としてのコンテクストを知る。たかがギャグとあなどるなかれ。就職して日本企業で働くことになってからも、こうした日本の文脈を知っていることは、大きな強みになる。こうした学びは、別府ならではのものである。

経済産業省商務情報政策局審議官で、東京オリンピック・パラリンピック担当も務める前田泰宏氏は、APUと別府市が「混ざって」国際化が進んだことを「日本の国際化の先行事例」として見ている。

「オリンピックを契機に、さまざまな国の観光客が日本に集まるようになるでしょう。そのとき、単に英語ができるというだけでなく、〝多国籍の人々とのつき合い方〟を学んでいるAPU、そして別府の皆さんの取り組みは、非常に参考になると考えています。きっとAPUの留学生の皆さんは、日本人では見えない〝日本ならではの魅力〟と、〝日本ならではの欠点〟の両方が見えていると思います。それを指摘してもらうことで、日本の魅力の再発信と、欠点の改善をしていけたらいいですよね」

かたちだけの「おもてなし」ではなく、育ってきた環境や言語の違う人たちを受け入れ、ともに生き、新しい文化をつくっていく。そんな新しい日本の国際化のかたちが、別府から生まれようとしている。

地元大分に就職し、世界との架け橋になる学生たち

在学中だけでなく、ＡＰＵを卒業してからも地元にとどまり、その発展に貢献している人たちもいる。

大分銀行に就職した卒業生の松野寛子さんは地元別府市の出身だ。だからＡＰＵができてからの別府の変貌をきわめてリアルに間近で見てきた。

「私が子供の頃、といっても１９９０年代の話ですけど、当時の別府市では、上半身裸に洗面器を持ったおじちゃんがふらっと歩いて温泉に行くなんていう光景が当たり前だったんです。いい意味でも悪い意味でもゆるかった。ＡＰＵができて、若い外国人や日本人の女の子たちがまちなかを歩くようになってから、変わりました。おじちゃんも、恥ずかしくなったんでしょうね。上半身裸の人はいなくなって、代わりに飲み屋街には活気が出ました。若い子たちがアルバイトで入りますから。一番大きく変わったのは、ＡＰＵへのバスが出る亀川駅のあたり。それまでは本当に寂れた場所だったのが、新しく店やマンションができて、一躍ＡＰＵの学生街になったんです」

松野さんはいま、大分銀行の関連企業、投資コンサルティングを行う大分ベンチャーキャピタルで地元企業の事業再生をサポートしている。

大分銀行は地域の第一地銀として、リースや保険、投資など、大手都市銀行にはできない金融機能を持っている。大分県の地域再生のカギを握る文字通りキープレーヤーだ。松野さんもその点に注目して、同行に入った。

「地元の中小企業が元気になれば、地域そのものも元気になります。就職活動を始めたときは、東京での就職も考えていたんです。でも、大分県や別府市の人口が減って、明らかにお年寄りが目立ってきて、赤字の企業も多くなって、廃業するところも出てきて……。そんな地元の現状を目の当たりにすると、やっぱり生まれ育った大分県に対して何かしたいと強く思ったんです」

松野さんは入行してすぐに同社に出向し、ファンド投資とコンサルティングを担当した。1年目から九州全体に向けた再生ファンドをつくるプロジェクトを担当し、各県の銀行の事業再生担当者に直接アポイントを取って説明しに行った。「右も左もわからないなか、がむしゃらに駆け抜けました。ＡＰＵに通っていたからできたことなのかな、と思います。どんな状況でも物怖じせずに飛び込んでいく姿勢が４年間で培われました」と笑う。

その後、大分銀行に戻り本部で企業支援部署を経営後、さらに地元企業に貢献したいと国家資格の中小企業診断士資格を取得、2回目の出向を志願した。「銀行融資と異なりベンチャーキャピタルは企業に直接投資できる大分県唯一の会社。今後は専門性とネットワークを生かした幅広いサポートをしていきたい」と話す。今後は、APUでの研究成果を産業に結びつけたい、と考えている。

「APUでは、各国民の生活や宗教、政治的なバックグラウンドを研究していました。こうした各国のバックグラウンドの情報をベースに企業が各国向けの商品開発に生かす。そんな研究とビジネスの橋渡しを、銀行が担えるのではないかと考えています。今は酒造関係の事業再生なども担当しているので、大分県のお酒を東南アジアなど世界に市場拡大できないかと。大分に根ざした企業の国際的なブランディング、国際的な販路の開拓をお手伝いしたいですね」

地元の就職先は銀行ばかりではない。APUの1期生だった熊本県出身の猿渡崇人さんは、経営コンサルティングファームのアクセンチュアに就職した後、大分県庁に転職した。

「APUの国際学生って、自分の出身国に誇りを持ち、『自分の国のためになりたい』『自国に恩返しをしたい』と考えている人がとても多いんです。その考えに触れることで、自分も日本や九州のために何かをしたい、と思うようになりました。自分ならＡＰＵと県庁の橋渡しになれるのではないかと思い、大分県庁への転職を決めました」

現在は企画振興部 国際政策課 海外戦略班に所属し、大分県の県産品や観光地としての魅力を海外に向けてプロモーションしている。その際に役に立つのが、ＡＰＵ卒業生のネットワークだ。ＡＰＵには国内だけでなく海外の校友会が21ヵ国・地域に広がっており、そこでも大分の魅力を広めてもらうように働きかけている。ＡＰＵに通うことで培った郷土愛により、自然と大分県に貢献しようという気持ちが湧いてくる。その気持ちが、プロモーションにも生きてくる。こうした現状を踏まえ、広瀬勝貞大分県知事も「ＡＰＵの学生は大分県の宝である」と強く認識しているという。

２０１４年度からは、ＡＰＵの学生が自国向けに大分県をＰＲするＣＭをつくるプロジェクトをスタートした。日本人だけで海外に向け「こんな県産品がある」「こんな観光地がある」とアピールしても外国人に受け入れられるかどうかはわからない。もしかしたら、まったくピント外れのプロモーションになっている可能性もある。では、外国人目線と国際感覚とを持つＡＰＵの学生が大分県をＰＲしたらどうなるだろう。そこで、ＡＰＵの学生にＣＭをつくってもらうことになったのだ。この年、プロジェクトに参加した学生は総勢60人。2014年度は中国、韓国、台湾、タイ、グローバル版の5つのパターンの6つのCMを対象の国・地域出身の学生だけではなく日本人も含めた多国籍チームがそれぞれ制作した。

「宗教的な要素は入れないなど最低限の制限をかけて、ほぼ自由につくってもらった結果、プロ顔負けのクオリティの高い作品ができあがりました。それぞれの国の視点が表れていて、なるほどと思わされるところも多かった。今後はインドネシアやベトナムなどの国も加えて、プロジェクトを続けていきたいと考えています」

そもそも大分県は適材適所の人材を活用した地域ブランディングが得意な数少ない地方自治体である。猿渡さんは、長らく続いてきた大分県の「一村一品運動」が県内の人材育成に大きく寄与してきたと分析する。

「80年から始められた一村一品運動の大きなひとつの目標が、人づくりだったんですよね。ただ商品をつくるのではなく、大分ブランドの商品や地域づくりを通して人を育ててきた。そうした人々の地域への想いを受け継ぎ発展させ、少子高齢化・グローバル化に対応する地方創生に貢献することが、私たち卒業生ができる母校と大分県への恩返しだと考えています」

地元の名産品づくりを通して、地元の人を育てる。その意味でいえば、地元の大学として育ったＡＰＵが、地元に貢献する国際人＝〝ＡＰＵ人〟を育てる、というのは、まさに一村一品運動と同じ構図である。

外国人学生が毎年やってくるＡＰＵは究極のインバウンド市場

大分県の地域振興は、他の都道府県に比べてもユニークで先進的な路線を歩んできた。

１９８０年代後半に時計の針を巻き戻してみよう。当時はバブル景気真っ只中。日本の地方都市ではリゾートブームが起き、多くの地方自治体が１９８７年に施行された総合保養地域整備法、通称リゾート法を活用して巨大なリゾート施設をつくっていた。

その頃、大分県は、地域の食材や古くからの温泉をリブランディングする「一村一品運動」を続けていた。ハコモノ行政に陥らず、他では手に入らないオンリーワンの地元コンテンツで地域振興する。そのコンテンツとは、特産品であり、さらにいえば、その特産品を育てて売ることができる〝ヒト〟である。

かくして大分県は、関さば関あじ、城下かれい、しいたけ、かぼす、豊後牛、大分麦焼酎、湯布院など日本全国に通用するブランドを生み出していった。

一村一品運動の提唱者である平松守彦前大分県知事は、その仕上げとして大学誘致を考えた。結果、誘致されたのがＡＰＵであることは第1章でも触れた。ＡＰＵも大分県の〝特産品〟というわけである。

94年から95年にかけてスタートしたＡＰＵの誘致に携わっていた大分県企画振興部理事兼審議監の長谷尾雅通氏は言う。

「当時も今も人づくりが地域づくりの根本であるという意識を強く持っていました。その意味で、人づくりを行うのが本業の大学はの方々とも共鳴しやすかったのだと思います」

あまり知られてはいないが、別府市は１９５０年に国際観光温泉文化都市建設法の指定を受けている。別府には、観光資源としての「温泉」はある。ただし観光客はあくまで国内のみ。海外からの国際観光客はほとんどいない。ならば海外からの観光客をもっと呼ぶことができれば、都市としてさらなる発展ができるはず。近年よく言われる「インバウンド」すなわち外国人観光客を誘致することを戦後まもなくから考えていたわけだ。

それから40数年後、大分県はある意味で観光客よりはるかに滞在時間の長いインバウンド市場を獲得した。それが大学生たちである。世界と日本各地の若者が常に数千人単位で

4年間滞在し続けるＡＰＵは立派なインバウンド市場でもあるのだ。

ＡＰＵの誘致プロジェクトが公に発表されたのが、１９９５年の9月25日。当時の県内は、新大学設置の期待と多額の財政負担の懸念が交錯していた。長谷尾氏は大学の誘致・新設が大分県にとっていかにプラスになるかを説いて回った。

「当時私がよく話をしていたのは、企業誘致よりも大学誘致の方が永続性がある、ということです。大学より企業の方が直接お金が落ちますから、地元に利益をたくさんもたらしてくれそうな感じがします。けれども、いま企業の栄枯盛衰のスピードはものすごく早くなっている。製造業の場合、海外への生産地転換も頻繁に起きる。工場があっという間に海外に移転するケースは珍しくない。しかし教育機関である大学は、容易に撤退することはない。大学を誘致すれば数百年単位でその地域が文化的に栄える場所になり得る――。そんな説明を繰り返していました」

ＡＰＵのような私立大学の誘致は、地方自治体である大分県にとっても「利点が大きい」策だった。県立大学を新設すると毎年何十億円という税金を投下しなければならない。私学の誘致であれば、初期投資にはけっこうなお金がかかっても、その後は自治体が費用を出す必要はないからだ。

坂本初代学長は、開学前からインバウンド市場を意識してAPUを創ったと言う。

「私は大学の国際化には、迎え入れる国際化と送り出す国際化の2つがあると考えていました。そしてAPUは迎え入れる国際化を目指したんです。日本人とそこにやってくるアジア太平洋各国の若者で、一緒に国際化する。日本人に英語を教えて送り出すタイプの国際大学は、他にもありますよね。でも、迎え入れるインバウンドの国際大学は、今のところAPUだけなんじゃないかと自負しています」

日韓W杯でもAPUの学生が大活躍

大分県が取り組む国際イベントでも、APUの国際学生が活躍している。

2002年に行われた日韓共催のサッカーワールドカップの際、大分市の大分スタジアムが会場の1つに選ばれた。このときはAPUの国際学生を中心としたボランティアが通訳などの役割を担った。長谷尾氏は言う。

「APUが開学してから3年目の話です。英語が堪能な国際学生がたくさんいるということは、国際的な大会やイベントを大分県で開催するときに大きな戦力になってくれることに気づいたんです。そこで今度は、2010年のAPEC成長戦略ハイレベル会合を別府市に誘致しました。このときはAPUの国際学生にそれぞれ出身国の各国代表団をアテンドしてもらったんです。レセプションでもホスト役をやってもらいました。この施策は、経産大臣や各国政府代表にとても評価されました」

APUは開学まもない頃から、大分県や別府市など地元自治体と連動して、大学はもちろん学生たちがさまざまな活動を行ってきた。観光面でも、中国から国際クルーズ船などが来るときに、中国からの国際学生に別府を案内してもらうなどしていた。

「1950年の国際観光温泉文化都市建設法の〝国際〟が、APUのおかげでようやく実現しつつあります。APUとも以心伝心で、こういう役割で国際学生の手が借りたいというとすぐに協力してくれます。学生たちも積極的にいろいろな仕事に参加してくれる。大分県の国際化を進めるにあたって、心強いパートナーだと考えています」(長谷尾氏)

これからはAPUの卒業生が地元で起業する際に支える仕組みをつくりたいと長谷尾氏は言う。

「私が国際課長を務めていたときは、APUの学生に県内地場企業への就職を勧めていたんです。最初は銀行などへの就職が多かったのですが、その後、少しずつ裾野が広がって、大分の中堅中小企業に就職するＡＰＵの卒業生も増えてきました。ＡＰＵの学生は上昇志向が強いので、大企業や海外企業に勤める人も多いのですが、別府市や大分県が大好きで残りたいという人もいる。そういう学生に、地場の企業に就職してもらって、その企業が海外展開するときに活躍してもらう。あるいは海外からのお客さんを受け入れるときに活躍してもらう。さらには大分県内で起業して、大分の資源を生かしたグローバルな事業を展開してもらう。そんな事例がこれからたくさん出てほしいと思っています」

ＡＰＵで学んだ学生が地元企業に就職し、世界と大分・別府との架け橋となる。そんな人材がどんどん増え、大分・別府が温泉街でありながら一方で海外に開かれた国際都市として生まれ変わる。長谷尾氏はそんな未来を夢見ている。

Part 2　ハラール対応からサッカー・ワールドカップまで

別府をムスリムが暮らしやすい町にするために

「ＡＰＵができて一番うれしかったのは、駅前通に若い人が歩くようになったこと」と語るのは、別府市ＯＮＳＥＮツーリズム部文化国際課長の田北浩司氏だ。

別府市では、ＡＰＵに入学した国際学生へのさまざまな対応を行ってきた。学生本人だけでなく、学生の家族が別府で生活するための手続きができるよう、２０１５年には新しく外国人相談窓口を設置した。それまでも、英語、韓国語、中国語での対応はしていたが、さらに英語の対応人員の数を増やしたのだ。

「ＡＰＵがあるから、留学生がたくさん来てくれる。それに甘えず、別府自体も留学生が住み良い町にならないといけないですよね。せっかくだったら、役所の手続きもスムーズで、十分なサポートが得られる町だ、と思ってもらいたい。そうすれば、さらに外国人がたくさん来てくれる国際都市になると思うんです」（田北別府市文化国際課長）

ＡＰＵができてたくさんの外国人が住むようになった別府市にとって、絶対に欠かせない国際化対策があった。イスラム教を信仰するムスリムの人々への対応である。ムスリムの総人口は16億人以上。その大半が、東南アジア、南アジア、中央アジアに暮らしている。日本人のムスリムのイメージは中東やアフリカ北部かもしれないが、人数では圧倒的にアジアのムスリムの方が多いのだ。そしてＡＰＵには、インドネシアやマレーシア、バングラデシュ、パキスタン、カザフスタンなどイスラム圏からの国際学生がとても多い。現在５００人を超えるイスラム圏出身の学生がいる。

課題は、イスラム教では戒律によって食べてはいけないもの、口にしてはいけないものなどが決まっていることだ。有名なのは、豚肉と酒（アルコール）は御法度というもの。さらに食品の加工や調理に関しても厳格な決まりがある。こうした決まりを守って処理された食品を「ハラール」と呼ぶ。また、ムスリムの人たちは、毎日5回決められた時刻にメッカの方角を向いてお祈りをする。ムスリムの人々が安心して暮らせる場所になるには、地方自治体と大学を挙げて「ハラール対応」をきっちりすること、お祈りの場所を用意することが不可欠なのだ。

日本では海外からの観光客を増やす「インバウンド戦略」が各地で課題となっているが、どこでもネックとなるのがこの「ハラール対応」「ムスリム対応」の遅れである。ムスリムの人たちがたくさん暮らすヨーロッパでは、ファストフードまでがハラール対応のメニューを用意し、空港にはお祈りの場所が確保されている。一方、日本は、ハラール対応、ムスリム対応が進んでいなかった。インバウンドの観光客を増やすには、インドネシアやマレーシア、パキスタンやバングラデシュなどアジアのムスリム大国からのお客さんに対応しなければならない。

幸いなことに大分県にはAPUに多数のムスリムの学生が常に在籍している。彼ら彼女らの力を借りて、地元のハラール対応をいま進めている。別府市役所では、APUの学生と一緒にガイドマップをつくった。市内でムスリム系の外国人が安心して食事がとれるよう、ハラールに対応した商品を扱っている場所やハラール対応のレストランを示した「ムスリム フレンドリーマップ ベップシティ」がそれである。

田北別府市文化国際課長は言う。

「別府市内で事業を始めたAPUの卒業生のパキスタン人の方から『別府は暮らしやすいけれど、ハラール対応のレストランや食材がないのでとても困っている』と悩みを打ち明けられたんです。APUには、イスラム圏からの国際学生がたくさん来ています。彼ら彼女らの家族が別府市を訪れることもしばしばある。ムスリムの学生たちの力を借りて、どこでハラール対応の食事がとれるのか、どこでハラール対応の食材が購入できるのか、オリジナル地図をつくったらいいのではないか、と考えました」

このマップには、APUの卒業生が開いたハラール対応のエスニック料理店も載っている。このマップをつくるにあたって、新たにハラール対応のメニューを開発してくれた店もあった。しかもエスニック料理ではなく、ハラール対応のラーメン、ハラール対応のケーキである。マップづくりを通して別府市内のハラールメニューは充実していった。

このマップは別府市ならではの情報も載っている。それは温泉情報だ。公共の場で肌を露出することを禁じられているムスリムにとっては、別府の大きな魅力である温泉も足が遠のきがちだ。でも、せっかくだから温泉の良さを味わってほしい。そこで身内で貸し切りにできる「家族風呂」がある温泉旅館をマップに載せた。

別府市とAPUがタッグを組んだこうしたハラール対応は、いまインバウンド施策を展開して外国人観光客を呼び込みたい全国の自治体から注目を集め、見学や取材の依頼が次々と集まっているという。

「将来は、母国に帰ったAPUの卒業生をアンバサダーに任命して、別府市の情報を国際的に発信していきたいですね。その一方で別府市で自国料理を提供する飲食店を開いた卒業生も出てきました。こうした店を集めて別府に国際通りをつくりたい。別府の新たな観光資源になるはずです」(田北別府市文化国際課長)

APUとムスリムの国際学生たちの学内での改革に端を発した別府市のムスリム対応ハラール対応は、海外観光客を呼び込む地方自治体のインバウンド戦略の先行事例となった。

もちろん、APUには開学当初よりインドネシアやマレーシアなどムスリムの学生たちが入学していた。当時から学食では、ハラールメニューは提供していた。しかし、ムスリム関連の認証を受けたり、お祈りの部屋を独自に設けることはなかった。多様な宗教が混在するキャンパスで、相互に刺激させたくないということから、あえて宗教的な行事は抑制し、特別なフォローはしないという慎重な考えのもとに、である。

「しかし近年、ムスリムの教員や学生たちが、キャンパスだけでなく大分県庁や別府市役所の人たちとハラールに関わるさまざまな取り組みをやっていることを知りました。彼らと対話する中で、『ムスリムフレンドリー』という考え方を教わったのです。完璧でなくても、できるかぎり歩み寄る。これはムスリムだけでなく、障がい者やLGBTなど国籍や文化に限らない多様性に適応できるいい考えだと思ったのです」と今村副学長。

学食を運営する生活協同組合はムスリムフレンドリー認証を2015年9月に取得し、翌年4月には大学はザ・クワイエット・スペースというお祈りや瞑想もできる部屋を設けることになった。こうした取り組みに先立ってできたのがムスリム研究センターだ。

ムスリム研究センターを設立

2015年6月、APUはムスリム研究センター（RCMA）を設立した。

地域におけるムスリム文化との共生のあり方や、地域活性化、地域創生に役に立つ観光業や食品産業など、インバウンド・アウトバウンド両方のムスリム市場を開拓するビジネスモデルの構築などを目的としている。センター長は山本晋国際経営学部教授が務める。専従の職員はおかず、大学全体でムスリムビジネスの研究やハラール対応のあり方などの研究に関わっていく。

ムスリム研究センターがユニークなのは、東京のベンチャー投資会社インスパイアと、地元の金融機関である大分銀行が当初から資金面や研究面での援助を行ってできた点だ。

微細藻類のミドリムシを食用やエネルギー源として利活用するベンチャー「株式会社ユーグレナ」を育てたことでも知られるインスパイアは、いち早くムスリムビジネス市場に目を向けていた。インスパイアは大分銀行と手を組み、大分県内の食品会社がハラール食品の開発を行い輸出産業としてもインバウンドビジネスとしても花開くためのコンサルティングを行っていた。そんな折、インスパイアの高槻亮輔社長は国内の大学でも有数のムスリム留学生が多数在籍しているAPUに注目した。

「APUには多数のムスリムの学生たちが在籍しています。この大学には、日本にとって有用なムスリムビジネスの実践的な研究の場を設けられる、と考えたのです」と高槻社長は、大分銀行とともにムスリム研究センターに資金援助を行った理由をこう話す。

世界中で16億人を超えるムスリムは、これからの日本にとって非常に重要なビジネスパートナーやお客様にもなり得る。とりわけ、2020年の東京オリンピックを控え、海外からの観光客が増大する中、日本のサービス業や食品加工業や官公庁は国際水準のムスリム対応が求められている。常にムスリムの学生たちが多数在籍し、ムスリム研究センターを設置したAPUは、今後日本におけるムスリムビジネスの核となるかもしれない。

APUでは、さまざまな形で地元の大分県や別府市などと学生たちが混ざり合うための施策を試行錯誤しながら用意していた。その結果、今では地元別府市の市民にとって、APUは誇るべき「おらが大学」になろうとしている。

別府市の長野恭紘市長は、「APUができたことで、市の価値が一気に上がりました。これまでも〝泉都〟としては有名でしたが、そこにさらに『多文化共生のまち別府』という付加価値がついた。世界的に知名度が上がってきているのはAPUのおかげです。国際学生たちが町に溶け込んでくれたおかげで、APUは完全に市民権を得ました」と語る。

また、近年話題の地方創生についても、APUが要になっているという。

「APUを誘致したこと自体が、地方創生の先取りだった。その意味では、他の地方の15年先を行っているといっても過言ではないと思います。まちづくりも人口政策もビジネス展開も、APUをもとにして総合戦略を考えていますから」

今後はまわりの市町村も巻き込んで、観光や産業を盛り上げていく予定だ。

「国際学生がいてくれる、地域のイベントに参加してくれる。それだけで満足していてはいけないと思っています。APUの存在意義はそんなものではないはず。もっと戦略的に、地元に残る人を増やすための仕事をつくる、国際都市ならではの産業をつくる、全国から人を呼べるイベントを立ち上げる。そういったことをやっていきたいですね」

APUの活躍に、大分県の広瀬勝貞知事も熱い期待を寄せている。

「APUの学生やグローバルに活躍する卒業生は、大分の文化や観光などの魅力を世界に向けて発信してくれています。海外で開催する大分物産展などにも、声をかけると大勢の卒業生が駆けつけてくれるんです。地元大分に対して愛着を持ってくれているんだ、とうれしくなります。これからは、こうした卒業生などがもつネットワークを活用しながら、現地の情報収集や市場開拓につなげていければと考えています」

APUは大分県と県内の全市町村と友好協定を結んでおり、県外では長野県飯田市ともフィールドスタディーを実施するなど交流を行っている。

2016年4月11日、APUと宮城県気仙沼市は、お互いに密な交流を図りながら、地域が持続的に発展し、グローバルに活躍できる人材を育成するための友好協定を結んだ。

友好協定を結ぶにあたってのキーパーソンが、気仙沼の女性たちを編み手として起用し、高品質な手編みのニット製品を製造販売する「気仙沼ニッティング」の御手洗瑞子社長だ。御手洗社長は、マッキンゼーでのコンサルタント業務、ブータン王国の首相フェローを経て、本書で何度か登場している糸井重里さんと知遇を得て、2012年、東日本大震災で傷ついた東北の気仙沼で、新しい仕事と市場を作るべく起業した。それが漁師町で編むことに慣れている女性たちに着目した「手編みニット製品」の企画製造販売だった。

2013年にAPUで学生たちに講演を行った御手洗社長は語る。

「APUは学生の半数が留学生というグローバルな大学です。そして気仙沼もまたグローバルな町なんです。遠洋漁業の港町である気仙沼の船は、世界の海を股にかけて漁をします。日本中の漁船がこの町に寄港し水揚げします。多様性に富み、誰にでもオープンな町の気風は、どこかAPUに通ずるものがあります。APUの学生にとっては、東日本大震災を経験し復興を遂げようとしている気仙沼は、いい学び場になるはずです。気仙沼にとっては、留学生の目線から、インバウンド観光や輸出用水産加工品の開発についてアドバイスをもらえるのはとてもありがたい。APUの留学生と気仙沼の高校生が交流すれば、両者にとってとてもいい刺激になると思います」

ご存知の通り、2016年4月14日に熊本県を中心に大型の地震が九州地方を襲い、その後16日にはさらに大型の地震が起きて、多くの犠牲者を出した。大分県も震度6弱の地震に見舞われた。APU当局は地震に不慣れな国際学生たちのサポートに追われた。

是永学長はこの協定の意義を次のように語る。

「気仙沼市と協定を結ぶにあたっては、震災の被害を受けた気仙沼市の皆さんをはじめ東北の人を、ＡＰＵがどう応援できるだろうか、と考えていました。偶然にも今度は私たちが地震被災の当事者になってしまいました。地震を体験するのが生まれて初めてという国際学生もいます。日本と世界の前途ある若者が学ぶ大学として、世界で頻発している震災にどう立ち向かい、何をしなければいけないのか。むしろ気仙沼市の皆さんから学ぶことが多いのではと思っています。地元別府市とも連携を強化しながら、日本の多文化共生のモデルを示していきたいと考えています」

九州地方の突然の大地震は、「日本国内で地震をひとごとにできる地域はほとんどない」という現実を私たち日本人に突きつけた。しかもＡＰＵには、80カ国以上から集まった国際学生たちがいる。この地震を奇貨として、国際大学であるＡＰＵが世界に対して、地震に人間はどう向き合うべきか、発信していく必要が出てきたといえそうだ。

外国人を日本の別府の温泉街に混ぜる

本書では、ＡＰＵをケーススタディに取り上げながら「混ぜる教育」の効用を解説している。ではなぜ日本の他大学では外国からの学生をたくさん「混ぜる」ことができていないのか。理由のひとつは、既存の大学で留学生と外国人教員をケタ違いに増やすことは物理的に難しいからだが、もうひとつの理由は、単純に「大変だから」である。つまり、世界中から集めた国際学生たちを日本の大学に日本の街に日本の文化に混ぜたとき、さまざまなトラブルの多発が予想されるからだ。

ＡＰＵを例にあげれば、常時80ヵ国の異なる国の文化と風習を身につけた学生たちが1ヵ所に集っている。その文化的なギャップは生半可ではない。しかも、彼ら彼女らのほとんどは、日本で初めて暮らすのだ。それも、東京のようななんでもそろっている大都市ではない。英語すら通じるかどうかもわからない地方都市の別府市である。

もともと分かれて別々に存在しているものを無理に混ぜようとすると、摩擦が起こる。化学反応を起こして爆発したりもする。まさに「混ぜるな危険」だ。国同士も下手に混ぜると、摩擦が起きる。最悪の場合は戦争が起きる。

APUの「混ぜる教育」は、「混ぜるな危険」という大きなリスクを背負ったうえでの施策だ。今では笑ってすませられるが、開学当時から数年間は毎日のように教員や職員の顔が青ざめるような事態が起こっていた。

まず、別府市という地方都市に国際大学を「混ぜる」のにかなりの苦労があった。

別府市の郊外にある山の中腹の十文字原という土地に建設地が決まったのが1995年。当時の平松県知事の肝いりで誘致はしたものの、最初地元はけっして歓迎ムード一色ではなかった。別府市議会でも「山を崩して大学をつくるなんて環境破壊だ」「大学建設による工事で温泉の泉源に影響が出るかもしれない」「貴重な在来植物の生態系を壊す気か」などと批判が出た。

当時の井上信幸別府市長が「高齢化が進み、観光地としても廃れつつある別府を救うのは大学だ。この大学誘致は、21世紀における別府の大きな財産になる」と必死に主張し続け、議員たちの反対の声は次第に薄れたが、市民の間には相当な不安が広がっていた。

「外国人が数千人も移り住んで、うちの街は大丈夫か？」という声が上がったのである。人口12万人の町に6000人規模の大学ができるということは、人口の5％をAPUの学生が占めるということ。しかもその半数が外国人だ。いくら歴史のある観光地、しかも温泉街として外部の人が来るのには慣れっこの土地柄とはいえ、外国人が数千人突然定住する事態は想像の域を超えている。犯罪が増えるんじゃないか？　よくない病気が広がるんじゃないか？　根も葉もない噂が立つのも、ある意味では無理もなかった。

ＡＰＵの職員たちは地元を丹念に周り、町内会や商工会議所、学校や幼稚園などを訪ね、ＡＰＵの開学パンフレットを配り、海外からの国際学生たちは最初の1年は全員ＡＰハウスに入寮するから生活の中にいきなり外国人が増えていくわけではないこと、そもそも集まってくる国際学生は各国のトップ大学に入れるようなむしろエリートたちなので治安の心配はまったくないことなどを何度も説明して回った。

それでもＡＰＵが別府の街に完全になじむまでには開学から数年が必要だった。国際学生が町を歩いていると、ジロジロ見られたり、子どもに対して親が「あまり関わらないように」と言い含めているのを聞いて傷つく国際学生もいた。

そんなとき頼りになったのは、別府市の好意的な市民の方々だった。

開学前から別府市にあった私立大学に通う中国人などの留学生のホームステイ先となった市民が、ＡＰＵの味方になってくれたのだ。この人たちが、開学を不安がる地元の自治会に対して、外国人がいても大丈夫なこと、英語や中国語を教わるなど異文化コミュニケーションができるのはとても楽しいことをＡＰＵのスタッフと一緒に熱く語ってくれた。

こうした地道な努力の甲斐もあり、ＡＰＵは開学前から開学後にかけて、ゆっくりゆっくり別府の町に溶け込んでいった。

実際に開学して国内学生と国際学生が混ざり合って別府の街を闊歩し始めると、むしろプラスの方が多いことに別府市民も気づき始めた。とある別府のホテルの社長は振り返る。

「別府市は日本の地方都市の例にもれず、ものすごく高齢化が進んでいたんですよ。観光客も高齢の方が中心。だからやっぱり街全体に活気がなくなりつつあった。ＡＰＵができて街の風景が一変した。さまざまな国の若い子たちが温泉街を珍しそうに歩いている。ステテコのおじいちゃんも、お洒落をするようになりました」

地元でレストランを経営するオーナーは言う。

「数千人の大学生がたった12万人の街に足し算された。考えてみれば、アルバイト要員とお客さんが一気にやってきてくれたようなもんです。ＡＰＵの学生さんたちは英語がぺらぺらだから、外国のお客さんが来ても安心して対応してもらえるし、観光地としては実に頼りになるアルバイト。若い人向けの店もこの10年で随分増えて街が若返りました」

別府市内の温泉旅館の支配人は語る。

「外国人の学生さんたちは、最初は温泉の入り方を知らないから、みんな戸惑って水着を着ちゃったりするけれど、いったん慣れちゃえば全員が別府温泉のファンになってくれる。あの子たちが祖国で宣伝してくれるおかげか、外国からのお客さんも増えてきたよね」

かくして、さまざまな国から来た若者たちが温泉に入ったり、居酒屋でバイトをしたり、塾で英語を教えたり、お祭りで一緒にお神輿を担いだり、という具合に、APUは別府市の日常にすっかり「混じり合う」ようになった。

「反省」の概念がない国の学生に、日本での暮らし方を教える

別府市民がAPUという大学と混ざるのにはかくのごとく時間がかかった。「混ぜる」苦労はそれだけではなかった。日本という国の制度や法律や文化に、まったく異なる文化を背負ってやってきた国際学生を混ぜるための「教育」も、とても手間がかかった。

言語が違う、文化が違う、風習が違う、と言葉で言うのは簡単だが、生活のすべての前提が違う人たちを、別の文化に根づかせて一緒に生活できるようにするのがどれほど大変

なことか。ＡＰＵの教員や職員たちは身を以て知っている。

開学当時、高速道路の管理事務所からいきなり電話が事務局にかかってきた。

「高速道路を外国人の若い連中が歩いてるぞ！　おたくの学生じゃないか？」

ＡＰＵは高速道路のサービスエリアの近くに位置し、サービスエリアには階段を上れば入ることができるし、そこで高速バスに乗ることもできる。でも、そのまま高速道路を徒歩で歩くなんて？　電話を受けた職員は半信半疑だったが、保護されたとある国の学生たちから事情を聞いて愕然とした。

「うちの国じゃ高速道路もみんな人が歩いてるよ」

その後も、高速道路をＡＰＵの国際学生が歩いている事件は何度も起きた。

「なぜ、歩いたんだ？　轢き殺されても文句は言えないぞ！」

「だって、歩行禁止って書いてなかったよ」

「だって、日本語の標識、読めないです」

かくしてＡＰＵでは、国際学生たちが日本にやってきたときに最初のガイダンスで「裏のサービスエリアから高速道路に徒歩で侵入してはならない」と通達することにした。

「時間」に対する考え方も、出身国によってまったく違っていた。

APUでは、地域社会との交流を積極的にとるため、スチューデント・オフィスに「地域交流チーム」の担当をおいていた。地域のお祭りや小学校に国際学生を派遣する交流事業をやっていたのだ。民族衣装で踊ってほしい、外国語を教えてほしいなど、国際学生に対するニーズはたくさんあった。地域交流チームは毎週国際学生を各地に派遣した。

ところが、ここで時間や約束に対する考え方の違いが浮き彫りになる。

「明日10時に駅で待ち合わせだからね」と伝えても、国際学生が時間通りに来ないことがあるのだ。5分前行動など、望むべくもない。1時間以上遅れてもまだ会場に顔を出さない。APUには国際学生を呼んだ子供会や小学校から問い合わせの電話がばんばんかかってくる、ということもあった。

そこで次の日、学生を呼んで事情をきくことになる。

「どうして約束したのに行かなかったのか。先方は準備をしてあなたを待っていたのに」

すると当人はけろりとした顔でまったく悪びれずに、

「うーん、気分が悪かったんだよね」

「宿題がいっぱい出て終わらなかったからしょうがないよ」

日本人の感覚では、時間に遅れることは「悪いこと」だという意識があるし、ましてや約束をなんの連絡もなしに反故にするのは重大なルール違反という共通認識がある。

けれどもその感覚がない国というのもあるのだ。

職員たちはのべ137ヵ国の学生たちを受け入れて面倒を見ながら、「日本人の常識」は「世界の非常識」という方が多いという事実を思い知る。

とはいうものの、彼ら彼女らは4年間日本で暮らすわけである。好き嫌いに限らず、日本にいる限りは日本の常識を知る必要がある。そこで取り入れたのが、サッカーのようなイエローカード制だった。頼まれた仕事やボランティアなどの地域交流活動に無断で遅れたりさぼったりすると、スチューデント・オフィスがイエローカードを出す。イエローカードが2枚たまったらレッドカード、というルールをつくったのだ。

さらに、APUでは入学時の誓約書を活用した。日本の大学だと、誓約書には、やってはいけないことについて「学生の本分に悖《もと》る行為」程度の抽象的な書き方にしてある。それをきわめて具体的に列挙した。この誓約書にサインをすることで「あなたはこういった行為をしないという契約を結んだ」と理解させることにしたのだ。

村田陽一事務局次長は、APUのような国際大学を運営する大変さについて、開学1年目に洗礼を受けたという。

「開学当時は国際学生がいろいろ問題を起こすので、毎日のように学生に『反省しなさい』と説教をしていたんです。僕は英語が流暢ではないので、オーストラリアから来たネイティブの職員に通訳してもらっていました。そうしたら、彼がこう言うんです。『村田さん、日本語の「反省」と同じ意味の単語は英語にはないんだよ』と」

日本語の「反省」に近い英語は、神様に対して悔い改めるというニュアンスになる。つまり「反省」というと、神との対話のレベルになってしまう。彼らは罰則は理解できるけれど、反省を強要されることはわからない。心の動きに踏み込むことは、他人にはできないのだ。根本的な考え方の違いを痛感した村田さんは、違反行為にすべて明確な罰則を設けることにした。「学生ハンドブック」という学生生活のルールが載っている教則本に、処分に関するページをつくったのだ。具体的に、〇〇をしたら2ヵ月間停学、〇〇をしたら奨学金の取り消し、〇〇をしたら退学処分、と罰則を書き記した。

すると、学生のトラブルは激減した。わずか1年で毎年あった数十件のトラブルがほぼゼロになったのである。

すべてをルールで決めるというのはドライに見えるかもしれない。職員の中からも「そこまでしなくても、わかってくれるのではないか」という意見が出たという。しかし、20

年近くまったく別の文化で生まれ育ってきた人に、日本の文化を言葉だけで理解してもらうのは不可能だ。相手を知って共存するにはどうすればいいか探る。その模索のなかから生まれたルールに従い、国際学生たちは日本社会での暮らし方を身につけていった。

今でも大学と地域との交流活動は盛んに行われ、2008年からは、APUと地域をつなぐ地域交流促進を担う学生スタッフSAS（Student Activity Station）がAPUの学生に地域交流活動の参加を促す企画・運営を行っている。その効果もあり2015年度の地域交流活動の件数は83件、のべ623人が参加した。国籍を問わずAPUの学生たちは積極的に地域と混ざり、溶け込んでいる。

クレームは大使館へ？ 授業で「混ぜる」苦労

異国の学生同士を混ぜるのも当初は苦労の連続だった。日英両言語での授業も、ただ日本語と英語ができる教員を連れてくればいい、というものではない。英語で授業ができるといっても、その教員が英語のネイティブスピーカーとは限らない。出身国によってチャイグリッシュ、ヒングリッシュ、コングリッシュ、シングリッシュなど、さまざまな訛りがある。結果、英語での授業も、ネイティブ・イングリッシュ・スピーカーの学生にとってはむしろ聞き取りにくいという事態が発生する。そうすると国際学生は「がんばって聞き取ろう」とは思わず、「先生の英語が下手で授業が聞き取れない」とオフィスにクレームを入れる。国際大学らしいといえばらしい反応だ。

開学当時、こうしたクレームの窓口を担当していた職員は、「世界中で話されている英語には、いろいろな種類がある。それをいちいち拒絶していては世界で活躍することなんてできない」と学生を諭したという。

なかには、英語は使えるけれど英語で授業をするのは初めて、という教員もいた。母語ではない言葉で教えることは、教員側にとっても大きなチャレンジだった。教員は学生からのさまざまなクレームを真摯に受け止め、授業で話す内容を事前にすべて英語で書き出し日々改善を行い、英語での授業に関するクレームは減っていった。

ＡＰＵの教員は、授業内容についても、きめ細かく対応しなければいけない。異なる政治的思想と歴史をもったさまざまな国の学生たちが一つの教室に集まっているからだ。

今まさに外交問題で揉めていること、歴史的に対立している地域について扱うと、これまた学生からクレームが入る。しかも、学生が「直接大使館に文句をつける！」などと言い出すケースもあったのだ。比較的小さい国は大使館と留学生の距離が近い。このため、クレームではなくても、「今日うちの国の大使をAPUに呼んじゃった」といきなり口にする学生もいる。となると、「あの国の大使が大学に来るぞ！」「それなら、役員が対応しなければ」と事務方は大わらわになる。

「混ぜる教育」の現場は、トラブルやハプニングだらけである。その1つひとつに丁寧に対応し、うまく学生たちを「混ぜていく」。開学から数年間、初めて日本にやってきた海外からの学生たちを日本に根づかせるための有形無形のノウハウとマニュアルが蓄積するまで、教員も職員も「トラブル対応」の仕事に翻弄された。しかし苦労して学生たちがうまく「混ざる」と、APUでしか成し得ない議論ができるようになる。国や地域の対立を超えて、お互いの人格を尊重しながら、アジア太平洋地域の国際問題について解決策を見いだすようなやり取りが大学のゼミなどはもちろん、APハウスでも繰り広げられる。

学生たちの国の対立を超えたやり取りを見ていると、国際政治での政治家同士のやり取りの方が稚拙に見えてしまうことすらある。APUで「混ざる」体験を経た学生は、広い視野と異文化に対する受容力を身につけ、グローバルな人材として大きく成長するのだ。

学生たちの半分が80ヵ国からやってきた外国人で、言語も文化も法律も風習もばらばら。

起き得るトラブルは順列組み合わせを考えたら膨大な数になり得る。日本で初めての国際環境をつくった大学だから、前例もハウツーもお手本もない。すべて自分たちで正解を見つけなければならない。APUの教員と職員とAPUの学生と、大分県や別府市の地域住民や行政や企業などのステークホルダーみんなが、何かトラブルがあったら1つひとつ課題を解決し、事例とし、共有し、トラブルがそのあと起きないように、起きても冷静に対応できるように、経験を積んできた。そして学生同士を、学生と地元とを混ぜてきた。

地元に愛されたカメルーン人ケチャくんの死

モンテ・カセム2代目学長は、「APUを地元に愛される大学にしたいと思った」と言う。この「地元に愛される」を体現したAPUの学生がいた。カメルーン人のケチャくん。2002年のワールドカップでカメルーン代表のキャンプ地が大分県日田市・中津江村に決まったとき、当時唯一の県在住カメルーン人だったケチャくんに、サポーターとして声がかかったのだ。ケチャくんは中津江村の人々に、カメルーンでの食事や習慣などを伝え、受け入れ体制を整えていった。初めて見るアフリカ人に気後れしていた中津江村の人々も、ケチャくんの気さくで温かい人柄に触れ、すぐ親しくなったという。ワールドカップが終わってからも、ケチャくんは中津江村の人々と交流を続け、選手団がキャンプ地としていたスポーツセンターのまわりに植林をしたりもしていた。このままずっと交流が続くと思っていた矢先、ケチャくんは交通事故でこの世を去ってしまった。カセム氏は葬式に参列し、いかに彼が中津江村の人々に愛されているかを知った。

「ものすごい数の弔問客が訪れ、お棺にすがって涙をこぼしているんです。彼の遺体が母国に戻るまで、ずっと誰かがそのそばについていました。ケチャくんはもう、市民の心の一部となっていたんですね」

彼が植えた苗木は大きく育ち、今では「ケチャの森」と名づけて市民が守っている。中津江村には、まだケチャくんの思いが生きているのだ。

ＡＰＵの「混ぜる教育」は、現場に立つとまだまだ道なかば。永遠に完成形はないのかもしれない。完全にマニュアルで対応できるようになったら、それはすでに「混ぜていない」証拠だ。「混ぜる」というのは混沌を認めることだ。ある意味でマニュアル化、定型化を拒否することだ。だから常に緊張を強いられるし、常に手間がかかる。しかしそれこそがグローバリゼーションであり、多様性を認めることなのだろう。

第5章

企業と大学、日本と世界を混ぜる。

卒業式の終わりには
ハットが宙を舞う

世界中から集まった国際学生と国内学生が席を並べ、

日本語と英語で授業を受けグローバルな人材が巣立つAPU。

けれども開学前のAPUは重大な問題を抱えていた。

優秀な国際学生を集めるには巨額の奨学金が必要となる。

いったい誰が助けてくれるのか?

手を差し伸べたのは日本を代表する企業のトップたち。

APUのような超グローバル大学の誕生を待ち望んでいたのは、

世界を相手にビジネスをしている企業の経営者たちだった。

国内学生と国際学生をキャンパスで「混ぜる」ことで

日本と世界をつなぐビジネスパーソンが育つ。

いま、APUの卒業生は、日本で、世界で活躍する。

大企業に入社して世界に飛び立つ者、自ら起業する者、

日本で母国でビッグビジネスを展開する者、

社会起業で若者や子供や女性を救う者。

APUの「混ぜる教育」の最大の成果、卒業生を追う。

Part 1 日本企業がいたからAPUができた

1995年、立命館は、「大分県別府市にAPUを開学する」と発表した。APUの開学準備にあたった教員と職員は、国際学生や新たな教員の募集、大学のコンセプト作りに大わらわとなった。一方、立命館は、APUの開学にあたって、絶対に欠かせない「応援団」をつくらなければならない、と考えていた。

「応援団」とは、日本企業とその経営者たちのことである。

「なぜならば、国際学生が全学生の50%を占める、というAPUのコンセプトは、日本の企業の応援がなければ絶対に実現できなかったからです」

そう答えるのは、立命館の理事長を経て現在立命館名誉役員の川本八郎氏だ。川本氏は、当時立命館の専務理事として名だたる日本企業や経済団体を回り、APU開学にあたってのさまざまな支援を取りつけてきた。

「世界各国から優秀な学生を集めなければ、ＡＰＵは絵に描いた餅で終わってしまいます。しかもＡＰＵがターゲットとしたのはアジア太平洋諸国の学生たち。日本より貧しい国が多いわけです。物価の高い日本の、しかも学費の高い私立大学に自費で留学できる子どもたちがどれだけいるでしょうか？」（川本氏）

全学生の半分を外国人とする。開学の条件は崇高だが、同時にそのハードルはとんでもなく高かったわけだ。どうすればいいか？

「答えはたったひとつ。優秀だけどＡＰＵに留学するだけのお金を持たない各国の学生に、返還不要な奨学金を用意すること」と川本氏は言う。

世界中から学生を集めるとなると、奨学金を手厚くする必要がある。このとき立命館では、学生１人につき年２５０万円×４年＝１０００万円と奨学金を考えていた。総額にして年間４億円程度。生半可な額ではない。

「その奨学金の原資はどこにある？　私たちは、経済団体や企業経営者に、優秀な外国人学生たちを日本の新設大学に受け入れるための奨学金となる寄付をお願いにうかがうことにしたのです」

41億円の寄付を集めた「秘策」

結論から先に述べると、川本氏ら開学の準備にあたったメンバーは、382社・個人から総額約41億円の寄付を集めることに成功した。

当初は無謀かとも思える試みだった。が、実はAPUの開学発表が1995年というのは、日本企業と連携する点において結果的にとてもタイミングがよかった。なぜなら多くの日本企業にとって、グローバル化への対応を余儀なくされ、グローバル人材を育てていかなければいけない時機だったからである。

95年、日本の景気はバブル経済崩壊から4年が経ち、下り坂にあった。それから2年後の97年には金融崩壊が起き、日本長期信用銀行、北海道拓殖銀行から山一証券に至るまで、一流金融機関や大手証券会社がばたばたと倒産した。一方、95年はマイクロソフト社が新しいOSのウィンドウズ95を大々的に発売し、パソコンが一気にオフィスから一般家庭までをも席巻しようという時期だった。インターネットが普及し始めたのもちょうどこの頃で、APUが開学した2000年前後には日本でもITバブルが起きる。

つまり、95年というのは、国内で完結していた古い日本経済が終わろうとし、ＩＴを核に経済がグローバル化するまさに変わり目の年だったのである。

「日本の学生が海外の学生と切磋琢磨しながら学んで、英語と国際感覚を身につけていく。そんな大学の登場を日本企業が待ち望んでいたことは、企業詣でを始めてすぐに気がつきました」と川本氏は振り返る。「多くの企業経営者がＡＰＵのような真の国際大学の登場を心待ちにしてくださっていたのです」

川本氏らは、ＡＰＵを応援するためのアドバイザリー・コミッティ（ＡＣ）を組織し、企業巡りをしてＡＣに加盟してもらい、寄付をお願いすることにした。

１社でも多くの企業トップにこのＡＣのメンバーとなってもらい、外国人の学生たちを集めるうえで欠かせない奨学金の原資となる寄付金を出してもらわねば、ＡＰＵの開学があやぶまれる。

川本氏らはこんなお願い文をつくった。

「アジア太平洋地域は、未開発の資源や人口や多様な文化を豊かに抱え、21世紀の世界経済の活力の場となることは、誰の目にも明らかです。何より大切なことは国際的に通用する人材を育成することです。その人材によって、アジア太平洋地域の潜在能力を引き出すことは、日本国の役目であり、日本のためであり、企業のためであります」

今度できるAPUという大学は、21世紀を牽引するアジア太平洋地域にとって欠かせない高等教育機関になります。そして、このAPUから世界に羽ばたいていく卒業生たちこそは、アジア太平洋の時代に向けて企業の皆様がぜひ欲しいと思うようなグローバルな人材です。だから、ぜひACになっていただき、このAPUという大学の開学に援助をお願いいたします――、と伝えたわけだ。

経団連トップ、平岩外四氏にお願いを

とはいうものの、営利団体である企業が、まだ影も形もない新大学、それも外国人の学生と教員がそれぞれ総分の半分を占め、50ヵ国から集まるという「大風呂敷」を広げた構想に、すぐに寄付をしてくれたわけではなかった。

「飛び込み営業のように次々と大企業を訪れたのですが、大学の構想には賛同してくれても、寄付を、となると話が止まってしまう」

川本氏は策を練った。戦略は大胆にしてシンプル。「一番上」から攻める、である。

「日本企業のトップは誰だろう、と考えたんですね。日本経済団体連合会＝経団連のトップだ。当時、経団連の名誉会長は東京電力会長でもある平岩外四さん。ならば、平岩さんにACのメンバーになっていただこう、と」

この時点で川本氏らには何のツテもない。そこで、APUを大分県に誘致した平松守彦前知事に「平岩詣で」をお願いし、次に立命館の当時の大南正瑛総長にも「平岩詣で」をお願いした。

「ところが、それでも平岩さんは首を縦にふらない。高齢で役職を整理しています、大学の構想はすばらしいのですが、とおっしゃるんです」

めげない川本氏は、平岩氏が思想家の安岡正篤の門下生だったことを突き止め、やはり安岡門下生で平岩氏と親しく一方で立命館の理事を務めていた住友生命保険の当時の社長、新井正明氏のところを訪れた。

「大阪の住友生命本社ビルまで行って新井さんの社長室に押しかけ、新井さんからその場で平岩さんに電話してもらったんです。電話口で平岩さんは『わかりました、ACに参加します』と快諾してくださった。よほどしつこいやつ、と思われたでしょうなあ（笑）」

翌日すぐに東京に行って平岩氏に面会し正式にACのメンバーになってもらう旨をお願

いした川本氏は、経団連のメンバーたちに次々とお願いに回った。

「アサヒビールの樋口廣太郎さん、東京ガスの安西邦夫さん、ＩＢＭの椎名武雄さん、みなさんＡＣのメンバーになっていただきました。平岩さんにご快諾いただいたからです。ただ、当時の会長であるトヨタ自動車の豊田章一郎さんだけからは『地元愛知県で２０００年に開催予定の愛知万博の公務で手一杯なので』と断られてしまいました」

そこで川本氏は、ツテをたどって橋本龍太郎総理大臣から豊田会長に依頼してもらった。

「おかげで豊田さんにもＡＰＵのＡＣメンバーになっていただき、ご寄付をいただきました。それぞれのトップが次々と別の企業のトップをご紹介くださる。95年から1年半ほどで、全部で３００社を回り、ＡＣのメンバーになっていただき、寄付をいただきました」

資金援助や力を貸してほしいと、あえて遠慮なく企業にお願いする。これから誕生する新大学ＡＰＵが世界と日本と企業にとってためになる大学だと、立命館の人たちが本気で信じていたからだ。

「私たちの熱意に日本企業の皆さんが動いてくださった。ＡＰＵが海外から優秀な学生を集めて開学できたのは、日本企業のおかげといっても過言ではありません」と川本氏は振り返る。

ＡＰＵ開学のニュースが流れてから1年後の１９９６年5月23日には、「アドバイザリー・コミッティ設立総会」が東京・虎ノ門のホテル・オークラで開催された。

出席したのは、平岩氏のほかに、日本銀行の三重野康元総裁、キヤノンの御手洗冨士夫代表取締役社長、東芝の佐藤文夫代表取締役社長、日本アイビーエムの椎名武雄代表取締役会長など、錚々たるメンバーである。このとき発表されたＡＣの陣容は、名誉委員が5人、アンバサダーメンバーが5人、委員が64人である。

平岩氏はＡＣの名誉委員に就任して改めてこんな言葉を残した。

「かつてフルブライト資金というものがあって、戦後日本の大学からアメリカの大学に留学する人たちに奨学金が与えられた。その資金で学んだ人たちが日本に帰ってきて戦後日本復興の旗ふり役になり、経済界、官界を牽引していったことは有名である。そのような意味で国際学生と日本の学生が半数ずつの国際大学を創るという、まさに国がやるべきことを一私学と自治体が果たすことは大変大きな意義がある。これについてＯＤＡの資金が出ないというのであれば、われわれ財界から奨学金を拠出することについてご協力をお願いしたい」

この総会がキックオフとなり、メンバーはさらに増えていった。東京や大阪の企業トップばかりではなく、地元九州の企業トップも応援してくれるようになった。企業トップのみならず、各国の元首、各国の駐日大使なども委員に就任し、ACのメンバーは252人にまで増えた。

1996年のAC設立総会から委員としてAPUの開学を支えた経営者のひとりが、キッコーマンの茂木友三郎現取締役名誉会長である。茂木名誉会長は当時を振り返る。

「のちに理事長となった川本八郎さんから『3つの50』を実現する本格的な国際大学を立命館が創るという話を直接聞いていました。斬新ですばらしいコンセプトだ、と思ったことを覚えています。由緒ある立命館大学がこの一大チャレンジに取り組む。それ自体が英断です。日本の企業として、この大学の構想が実現するよう是が非でも応援しよう、と決断し、ACのメンバーとなりました」

日本企業が次々と応援団に

当初よりAPUに寄付をした日清食品ホールディングスの場合、創業者会長の故・安藤百福氏自らが、「安藤百福奨学金」を設立し、入学後成績優秀だった学生に奨学金を授与する仕組みをつくった。２００１年の開学から２０１５年まで２３２人が安藤百福奨学金を授与されている。

百福氏は立命館大学のＯＢであり、世界初のインスタントラーメン「チキンラーメン」世界初のカップめん「カップヌードル」の生みの親である。百福氏の次男で、現在日清食品の代表取締役社長・ＣＥＯを務める安藤宏基氏は語る。

「当社の創業者・安藤百福は、若い頃、起業しながら立命館大学で学び、のちに名誉経営学博士号をいただいております。そのご縁もあり、ＡＰＵが海外から人材を幅広く集め、多彩な人材を輩出されることを期待して、寄付をさせていただいた次第です」

百福氏が２００７年に96歳で亡くなったときは、日本以上にアメリカのメディアでその業績が大きく取り上げられた。「チキンラーメン」と「カップヌードル」という食の世界における革命的な商品を発明し、宇宙食ラーメン「スペース・ラム」の開発にも成功した。グローバルな商品で世界を変えた真のイノベーターでありアントレプレナーである安藤百福氏。彼がＡＰＵに奨学金制度を設立したというのは実に象徴的である。

「現在当社でも４人のＡＰＵの卒業生が働いており、そのうち２人が外国人です」と語る宏基社長は、APUの海外校をぜひつくってほしいと考えている。

「将来、タイ・バンコク、インドネシア・ジャカルタ、フィリピン・マニラなど東南アジアの主要都市にAPUをつくってはいかがでしょうか？　大学（4年制）とMBAコース（大学院クラス）を用意し、現地の日本人と現地および周辺国の学生を集めてAPUの混ぜる教育を実施すれば、卒業生は現地の日本企業から引く手あまたになるはずです」

かくして382の企業・個人・団体がAPUに寄付を行った。奨学金の寄付総額も先に述べたように約41億円となり、国際学生を受け入れる手はずを整えることができた。日本企業の応援がなければ、国際大学としてAPUがロケットスタートを切ることは不可能だった。知名度ゼロの状態で優秀な国際学生を開学年に400人も集めることができたのは、このように奨学金の用意があったからにほかならない。

この奨学金には立命館の教員と職員893名からの8859万円の寄付も含まれている。茶道裏千家からは、茶室「和心庵」が寄贈されるなど、日本企業の他にもさまざまな団体や個人から寄付を得ることができ、開学までの準備が整っていった。

まだ影も形もないAPUに多くの企業が寄付をしたのは、APUの開学準備にかかわった立命館の教員と職員の尽力があったことに加え、「3つの50」を掲げたAPUの理念に経営者たちが強く共感したことが大きい。

開学準備段階からAPUを知る三井住友銀行の志村正之専務は語る。

「今やアジアでナンバーワン大学となったシンガポール国立大学ですが、英語ベースの教育を用意し、国境を越えてアジア中の優秀な学生たちが集結したからですね。日本でも世界から学部生が集まるような大学がないと、国際社会で伍していけるような学生は育たない。とはいうものの日本の老舗有名大学でいきなりすべての授業を英語にする、というのは不可能です。その点、ゼロからスタートしたAPUは、当初から日本語と英語の教育を2本立てで用意して、海外から優秀な学生たちが集まるようにした。まさに日本企業が待ち望んでいた大学のかたちでした」

志村専務が触れたように、世界のどこであろうとトップクラスの学生たちは英語は必要不可欠な道具としてマスターしているのが前提だ。そのうえで、自らの研究課題を見つけ、目的の学校を選ぶ。日本の場合、海外のこうしたトップクラスの学生たちをある程度集められているのは一部の大学の大学院のみ。つまり英語で専門科目の授業を行い、論文や発表も英語ベースなのは大学院段階しかない。日本政府が用意する海外留学生向けの奨学金も大学院生用がほとんどである。

残念なことに、海外からやってきた大学院の留学生たちは、修士号や博士号をとるとさっさと自国に戻ったり、あるいはアメリカなどに行ってしまうケースが多い。日本語を学び、日本企業で働くケースは例外的なのだ。

ＡＰＵは、日本の大学では珍しく学部段階で英語ですべての授業が受けられる仕組みをつくった。結果、トップクラスの学生が海外から集まり、しかも彼ら彼女らは日本の学生たちと混じり合い、別府の街に溶け込み、日本語と日本文化を吸収していく。

本章の最後でも触れるが、人口が減少していく日本において、日本語を操り日本文化に親しみ日本企業に勤める新しいタイプの「海外からの定住者」が増えることは、暗雲たちこめる日本の未来の希望となり得る。ＡＰＵの外国人卒業生たちが日本企業に就職しどっしり日本に根を下ろして働いている様は、そんな未来の先進事例なのだ。

企業向けの短期留学プログラムも

開学前から企業の協力を仰いだＡＰＵは、２０００年の開学以降も積極的に企業とさまざまな連携をとっている。

企業人材の短期留学を受け入れる「社会で働く人材のグローバル化養成プログラム　GCEP(Global Competency Enhancement Program)」はその一例だ。2ヵ月間ないしは4ヵ月間をめどに国際経営論などの科目を英語で複数受講しながら、英語研修を徹底的に行い、さらにはAPハウスで学生たちとともに暮らし、最後では研究結果を英語で発表する。まさに日本にいながらにして海外の大学で短期留学をしている効果を得られる。それがこのGCEPの狙いである。

2011年にスタートし、現在までに31社146人が受講した（2015年度末時点）。茂木名誉会長がACのメンバーとなっているキッコーマンもこのGCEPを利用してAPUに社員を短期留学を行った。

また、このGCEPをカスタマイズして、利用している企業もある。大手総合リース会社の三菱UFJリース㈱では、2泊3日の短期留学形式オリジナルコースをAPUとつくり、国内と海外の若手社員を研修させている。水谷真基執行役員国際部長は語る。

「当社は海外に19拠点があり、スタッフが450人強。うち9割は現地採用のナショナルスタッフです。このナショナルスタッフがいかに長く勤めてくれるかが海外におけるビジネスの品質向上につながります。そこで現地ナショナルスタッフを日本の本社に呼び、教育・指導と長期雇用のための魅力づくりとを兼ねた施策を実施しました。その一環が、2013年から始めたAPUでの短期研修です。2014年、2015年とこれまで3回実施しており、私もすべて出席しています」

内容はかなりタフで、MBAコースの授業を2泊3日にぎゅっと凝縮したようなもの。初年度の2013年はロジカルシンキングと異文化コミュニケーションに重きをおき、ディスカッションとプレゼンを行った。

2014年はさらにリース業界につながるようなファイナンスの面も盛り込んで、ファイナンスの具体的なケーススタディを取り扱った。参加メンバーは、海外からのナショナルスタッフが6人。上海、香港、シンガポール、バンコク、ジャカルタ（2拠点）、北米の7拠点に募集をかけ、拠点長の推薦を受けた6人が参加。さらに国内社員6人、APUの現役学生7人に参加してもらい、ナショナルスタッフ・国内社員・APU学生の3人で1グループをつくり、グループごとにケーススタディに取り組んだ。

「あえて東京を離れてAPハウスに泊まり、学生たちと同じ釜の飯を食べ、授業が終わってからも延々ディスカッションする。最終日は英語でのプレゼンですが、国際学生から容赦ない質問が英語で飛んでくる。参加した全員がきつかった、と言いますが、いい意味でのカルチャーショックを受けていると思います」

２０１５年秋にも三菱ＵＦＪリースでは同様の「短期留学」合宿を行った。日本人社員５人と外国人社員９人混成部隊14人が、ＡＰハウスに宿泊し、２泊３日の研修を行った。

参加したタイ人社員に話を聞いた。

「僕の場合、この会社の日本人チームと一緒にチームを組んで研修に参加するのはこれがはじめてなんです。日本語はまだ全然できないし、英語もけっして得意じゃないんだけど、タイ人の卒業生がたくさんいるＡＰＵで研修するのはとても楽しみでした」

最終日は、チームごとにプレゼンテーションを行い、国際学生たちが審査にも加わる。英語でのプレゼンは、日本人社員たちにとってほとんど初めての経験だ。

水谷国際部長は、近い将来は、ＧＣＥＰのオリジナルプログラム、４ヵ月の「ＡＰＵ留学」の機会を社員たちに設けたいと考えている。

公文から吉本まで広がるＡＰＵの輪

ＡＰＵのユニークさは、「学生と教員の半分が世界中から集まった外国人で、英語が一番の公用語」という文字通りのグローバル環境を日本国内の大学キャンパスにつくりあげた点にある。このユニークな環境こそが、日本の民間教育にも役に立つはずだ、と考えた企業がある。教育大手の公文教育研究会（以下公文）だ。

公文では、APUの開学直後から、公文式で英語を学ぶ小学生とAPUの国際学生が中心となって一緒に行う英語キャンプ「English Immersion Camp」を開催している。

塾や学校で学ぶことのできない「生きたコミュニケーション」「世界を知る」機会を子どもたちに提供するのが目的で4日間または6日間のコースで実施される。キャンプ場では子どもたちとさまざまな国からやってきたAPUの国際学生たち約30人とが寝食を共にする。日本語は一切使えない。当初は、引っ込み思案だった子どもたちが、さまざまなプログラムを一緒に行ううちに臆せず英語でコミュニケーションができるように数日間で変化していく。

同社の池上秀徳社長は語る。

「私たちは、開学前からAPUに注目をしていました。世界中の学生たちが集まり、英語で会話するのが日常のキャンパスは、子どもたちが将来直面する国際社会の縮図です。国際学生たちと、公文式で英語を学ぶ日本の子どもたちを数日間混ぜるだけで、子どもたちは英語でのコミュニケーション、異文化コミュニケーションの面白さを知るに違いない。

そう考えて、ＡＰＵの事務局に声をかけ、スタートしたのがこのキャンプです」

キャンプでリーダーとなるＡＰＵの学生たちは、誰もが英語を自在に使う。が、アメリカ人やイギリス人やオーストラリア人のようなイングリッシュ・ネイティブスピーカーはほとんどいない。アジアやアフリカから留学してきた国際学生が大半を占める。

「日本人が世界に出たときに、英語を使う相手は、英米人とは限りません。むしろお互い英語が母国語じゃない海外の人たちと英語でやりとりする方が多いはずです。キャンプで生の英語に触れることで、その現実を再現した形になりました」（池上社長）

キャンプを通して学生たちと子供たちの絆が深まり、そのつき合いは学生たちがＡＰＵを卒業して、祖国に帰った後もずっと続いているという。

公文大阪本社広報部で働いているアフリカのマラウイ共和国出身ＡＰＵ卒業生のファンガティラヤンコ・ジョイ・ヤフさんは入社4年目。「English Immersion Camp」の準備業務も担当している。

「父の友人が日本の大使をしていて、欧米以外の海外に行くならば日本のＡＰＵという大学がいいよ、と推薦してくれたのです」と語る。

マラウイからAPUの学生は当時数人しかおらず、日本に関する事前知識は、「アニメのドラゴンボールだけでしたね（笑）」

ヤフさんは大学2回生と3回生のとき、続けて「English Immersion Camp」でキャンプリーダーを務め、すっかり公文のファンになる。

「公文には新卒では受からなかったので、いったん他の仕事をしてから転職したのです」と話すヤフさん。「個々に与えられた可能性を発見し、その能力を最大限に伸ばす」公文の理念が自らの考えにぴったり合っていたため、あきらめずに再度転職にチャレンジした。

日本はもちろん世界中から集まったAPU同窓生たちとの交流で実感した多様性の大切さを、いつか祖国マラウイに持ち帰って経済発展に役立てたいという。

「ヤフさんのような優秀な外国人社員をAPUから迎え入れることで、公文式学習をもっともっと世界に広めて、地域社会に貢献できる人材を育てていきたいですね」、池上社長はそう締めくくった。

2016年春。APUは意外な企業とタッグを組むことになった。吉本興業である。吉本興業は過去100年、日本で「お笑いビジネス」を牽引してきた。しかし、国内市場が飽和している今、同社は海外に自社のエンタテインメントを展開しようと計画していた。

そんな吉本興業とAPUが出会ったのは2015年2月。経済産業省の会議で、吉本興業の大崎洋社長と今村正治副学長が同席したのがきっかけだった。

「外国人の学生がたくさん学んでいるAPUに、大崎社長が強い興味を抱いてくださったんです」と今村副学長は振り返る。

15年夏には、APUに吉本興業の幹部17人が訪れ、教員と職員、学生たちとの間で活発な意見が交換された。その結果、まず15年12月に開催された「大阪ウィーク」を吉本興業がバックアップすることになった。英語での「吉本新喜劇」を国内・国際学生たちが混ざり合いながら演じ、さらには漫才コンテストM1も実施された。

「国際学生の中には、ついこの前まで自国で内戦があったような国からやってきているひともいます。彼らに話を聞くと、戦争が終わったばかりの国にはポップカルチャーが育っていない。そんな国に日本の極上の『お笑い』を伝える――吉本さんがAPUとの交流を通じて多様性を理解し国際化すれば、そんな世界も開けてきます」と是永学長は語る。

2016年春には沖縄国際映画祭で学生たちが別府を舞台にした20分の短編映画を吉本興業協力のもと制作している。

「吉本がグローバル化しようといういま、APUの在学生や卒業生が母国の市場と日本の

エンタテインメントをつなぐ媒体となる時代がきっとやってくる」（是永学長）

開学前から開学直後に至るまで、積極的な産学連携の態勢をとってきたＡＰＵ。では、卒業生たちは、どんな仕事に就いているのか。そして企業は、ＡＰＵ出身者に何を見て、どんな期待を寄せているのか？　次項で紹介しよう。

世界中から学生が集まる大学は、国にとって最高の未来投資です

茂木 友三郎 キッコーマン株式会社 取締役名誉会長

私がＡＰＵと出会ったのは開学前にさかのぼります。国際学生と外国人教員の比率を50％にし、50ヵ国以上から人を集めた真の国際大学を創ろう。１９９０年代半ば、立命館学園が打ち出したＡＰＵの構想には経済界が賛同しました。もちろん、私もそうでした。一方で、その実現には資金面でも人材面でも企業や学識経験者の手助けが必要でした。そこで96年にＡＰＵの開学を支援する組織「アドバイザリー・コミッティ」（ＡＣ）が発足し、多くの企業経営者とともに私も加わったのです。

その後、海外でＡＰＵのすごさを実感することがありました。２００９年、私はスイスのサンガレンで開かれた「サンガレン・シンポジウム」に参加しました。学生主体のダボス会議のようなイベントです。自分の講演を終えた私は、翌日学生たちの討論会を聞いて

いました。そこに登場したのがAPUのインドネシア人学生。日本で学んだ国際学生が国際会議で活躍する。APUが世界とつながっているのを目の当たりにして、誇らしい気持ちになりました。

現在、当社では3人のAPU卒業生が活躍しています。直接面識のある韓国人のクォンさんには随分助けてもらいました。私は2015年まで「日韓フォーラム」の議長を務めており毎年1回韓国に行っていたのですが、そのときサポートしてくれたのが当時海外営業部で韓国担当だったクォンさんだったのです。地元事情にくわしいだけではなく、日本語を完璧に操り、気配り上手。妻を同伴して韓国に訪れたときもクォンさんがコーディネートしてくれ、妻がわざわざ私に「こんなにすばらしい方を育てたのはどちらの大学？」と聞いてきたほどです。

ＡＰＵの国際学生は、クォンさんのように自国のアイデンティティーを保ちながらも日本人以上に日本的な美徳を身につけている人が多い。日本で学び、日本文化を理解し、日本人とともに仕事する海外の人材。日本にとって貴重な宝物です。私の母校であるアメリカのコロンビア大学などは、昔から世界規模の人的ネットワークを構築してきました。世界中の優秀な若者を集め、自国のエリートと交流させる。英米で教育を受けた人材が母国に戻って活躍する。ＡＰＵは、日本の大学でおそらく初めてコロンビア大学などと同じことをやろうとしています。アジア太平洋地域を中心に世界中の優秀な若者を呼び寄せ日本人学生と「混ぜて」別府の温泉街で育てる。日本と別府を第二の故郷だと思う人たちがＡＰＵから巣立ち、世界中の企業やＮＰＯ法人、各国政府や国際機関で働く。この卒業生ネットワークは日本の財産です。

ＡＰＵを卒業したひとたちの多くはグローバル社会に飛び込んでいることでしょう。グローバル社会は常に変化し続けています。技術が、政治が、流行が、常に変化をもたらしています。そんな変化の激しい場所で活躍するために必要なものが2つあります。

1つは、専門知識、専門能力です。世界のビジネスパーソンと伍していくには、自分の武器がなければいけない。「なんでもそつなくこなす」だけでは戦っていけません。「誰にも負けない自分の専門能力」が必須です。もう1つは、異文化への適応力です。異なる文化を理解し、どんなアウェイの環境でも自分の能力を発揮できる。どんな相手ともうまくやっていく柔軟なコミュニケーション力が欠かせません。

APUのキャンパスは、競争の激しいグローバル社会と相似形です。多種多様な国から優秀で個性的な学生たちが集まっている。自分の個性を発揮しないと埋もれてしまう。「自分の価値とは何か」「自分にできることは何か」を意識させられる場面が、授業の中でも課外活動の中でもキャンパスライフの中でもたくさんあるはずです。そこで鍛えられた卒業生たちは、「自分の得意な武器」を磨きつつ、多種多様な人たちとうまくやっていくコミュニケーション力を身につけているはずです。どちらもグローバル社会で生き抜くうえで必須の能力です。そんなAPUから巣立っていくひとたちと私たちはもっと一緒に仕事をしたい、と思っています。

APUの教育環境は、グローバル企業の職場と相似形です

志村　正之　三井住友銀行　トランザクション・ビジネス本部担当　専務執行役員

私がAPUのキャンパスを初めて訪れたのは2015年11月。既視感を覚えました。さまざまな国からやってきた学生たちが行き交い、英語での会話が耳に入る。11年間駐在していたシンガポールのシンガポール国立大学（NUS）と似ていたのです。NUSは、東京大学や北京大学を抑え、2015年のタイムズ・ハイヤー・エデュケーション「世界大学ランキング」でアジア首位を記録しました。学生たちの顔ぶれから大学のカリキュラムに至るまで「シンガポールの大学」ではなく「世界の大学」と実感します。

APUはNUS同様、「日本の大学」ではなく「アジアの大学」「世界の大学」。さまざまな国の学生が混ざって勉強しキャンパスライフを過ごすことで、肌感覚でお互いの文化や習慣やタブーや歴史も知る。その結果、きめ細い国際コミュニケーションがとれる人間に育ちます。

APUのような環境で国際感覚を身につけた若者を、グローバル企業は欲しています。三井住友銀行でも、外国人を相手にプロジェクトを一緒に進める役職には、多国籍な環境でグローバル教育を受けた人を配置したい。実際、これまでに24人のAPU卒業生が入行し、うち9人が外国籍です。出身国は韓国、インドネシア、ベトナム、中国とアジア圏の方々が中心です。

シンガポール駐在時代、新興国戦略本部長を務めていた私は、新任で配属された東京のスタッフがAPU卒のベトナム人女性で、その優秀さに助けられました。英語も日本語も堪能、情報処理能力が高いのに、日本風の気の回し方も心得ている。彼女は現在行内制度を利用してアメリカの大学に留学中です。

海外進出した企業のオフィスは、APUやNUSのキャンパス同様、いろいろな国籍の人々が混ざります。三井住友銀行のシンガポール支店は900人のスタッフが働いていますが、日本人は250人だけ。残り650人は現地採用の外国籍スタッフです。シンガポール人だけでなくさまざまな国籍の人間が働いています。

一方、社会人になるとそれぞれの国の政治状況の話や、宗教の違いの話、それぞれの国同士の仲のいい悪いといった話はデリケートですからなかなか話しづらい。だからこそ大学生のうちにお互い意見をぶつけ合っておけば、多様な国籍の人たちと仕事をするときの訓練になります。APUのようにさまざまな国の学生が「混ざり合って」勉強している大学ではそんな機会がたくさんあるはずです。

世界の巨大都市は、自国民と移民や駐在者など自国外の人が「混ざる」社会です。シンガポールの外国人比率は3割。ニューヨークの外国人居住比率も35%近いし、ロンドンの外国人居住比率は50%を超えています。外国人居住者が3%ほどの東京がむしろ例外ですが、東京オリンピックが開催される２０２０年までには、日本はもっと世界に開かれた国になります。２０１５年には前年比で外国人観光客が６００万人も増え１９００万人に達しました。また、今後5～10年のうちに外国人労働者をもっと受け入れる可能性も高いでしょう。医療現場、工事現場、食品加工工場など、あらゆるところで日本人が外国人と「混ざって」一緒に働く機会が増えるはずです。

そんな時代にリーダーとなるのは、若いときから異文化と接して摩擦を経験し、対立を乗り越えて、仲間をつくり、複数の語学も習得している人です。つまりＡＰＵのような教育環境で育った人が、これから企業の海外拠点だけでなく日本国内で活躍する場が増えていくでしょう。

ＡＰＵには、社会人が国内留学する仕組みがあります。「社会で働く人材のグローバル化養成プログラム ＧＣＥＰ」です。英語で専門科目の授業を受け、国際学生たちと英語でディスカッションし、最後は英語でグループ研究発表を行う。世界で通用するビジネスパーソンになる修業としてはうってつけです。三井住友銀行は、ＡＰＵの開学以前から建学の精神に共感してさまざまな協力をしてきましたが、当行でもいつかＡＰＵへ国内留学生を出したいですね。

公文で学ぶ子どもたちとＡＰＵ国際学生の英語キャンプ

池上　秀徳　公文教育研究会　代表取締役社長

公文教育研究会（以下公文）は、ＡＰＵが２０００年に開学した当初から、公文式で学ぶ子どもたちと国際学生が中心となって一緒に英語キャンプを行うプログラムを実施してきました。

公文では、主に幼児〜高校生を対象に教室事業を行っており、近年では英語教育にも力を入れていますが、日本の子どもが日常生活で英語を使う場面は限られています。そこでお声がけしたのが全学生の半分が世界中から集まった外国人であるＡＰＵでした。子どもたちに生きた英語教育の環境を与えるきっかけを一緒につくることができないか？　結果、一緒につくった教育プログラムが「English Immersion Camp」です。

公文式英語などで学ぶ日本人の子どもたちとＡＰＵの国際学生たちが一緒に４日間または６日間のコースでキャンプをする。その間は日本語を一切使わず英語だけで過ごします。

学生たちは、英米人のような英語が母国語の学生ばかりでなく、アジアやアフリカ出身で英語を使える学生が多いのがポイントです。いろいろな国の人のいろいろなタイプの英語に接する方が現実の世界での英語活用シーンに近いからです。

キャンプ当初は緊張して黙っていた子どもたちも、英語をしゃべらないと何もできませんから、徐々に片言の英語を話し始めます。そのうちちょっとした意思の疎通ができるようになると、その瞬間に子どもたちは大きく変化します。日本語以外に学んだ言語で人とコミュニケーションを取るのがいかに楽しいかを体感します。なぜ英語を勉強した方がいいかも体で理解します。英語ができればさまざまな国の人とコミュニケーションを取れることがキャンプを通して実感できるからです。

キャンプに参加した子どもたちは、その後もAPUの学生とさまざまな場でつながり続けています。キャンプが生んだ財産です。キャンプは16年続いており、APUのキャンプリーダー経験者は約430人にのぼり、キャンプを経験した子どもたちとAPUの学生とのOB・OGのネットワークは50ヵ国に広がっています。新しいキャンプの開催時には過去のキャンプリーダーがアドバイスを送ってくれます。当社のビジネスの世界展開にこのOB・OGの人脈が生きることもあります。

「日本国内で世界を体感できる」APUの「混ぜる」教育環境が公文という民間教育と結びつくことで、日本の子どもたちに生きたグローバル教育の現場を提供できている――このキャンプのそんな成果をもっと活用していきたいと思っています。

私がAPUを初めて訪れたのは社長に就任した後の2015年10月でした。さまざまな国からきた国際学生があふれんばかりにいて、キャンパスそのものが国際都市のようで、日本では唯一無二の教育環境だと感じました。キャンパスを案内してくれる学生さんは明るくほがらかで、やりたいことや明確な将来像を持っていて、自分の言葉で語ることができる。さらに、国際学生が別府の街に溶け込み、地元の人たちと混ざって生活をしている。アルバイトもするし温泉にも入り、国際学生は生きた日本語を学んでいる。卒業後はどこに行こうと別府のことをホームタウンだと思うようになる。真の国際交流がここにあると思いました。

是永駿学長にお会いしたとき、ＡＰＵの今後について「日本の大学受験や新卒一括採用といった旧体制に風穴をあけたい」とおっしゃったことに感銘を受けました。なぜなら公文式は一人の父親がわが子のために始めた教育であり、学ぶ側の視点に立ち、個人の能力に合わせて学力を伸ばしていくという、それまでの学校教育にも民間教育にもない考え方だったからです。大学教育に風穴をあけようとしているＡＰＵ、民間教育分野で同様のことをしてきた公文教育研究会。新たな教育のあり方にチャレンジを続けている、という意味で同じ志をもっていると思います。

Part 2 APU卒業生が日本企業と「混ざる」

APUは「就職に強い」大学である。

卒業生の就職先を眺めてみよう。三井物産、NTTドコモ、神戸製鋼所、時事通信社、全日本空輸、日本電気、日立製作所、富士ゼロックス、星野リゾート・マネジメント、三井化学など、各業界で日本を代表する企業の名が並ぶ（2014年度）。

しかも日本企業に就職しているのは国内学生ばかりではない。国際学生の卒業生で就職を希望した学生のうち63％（2014年度）が日本企業に就職を決めているのだ。

「APUの卒業生は、コミュニケーションやプレゼンテーションのスキルを徹底的に鍛えられていますし、TAやPAといったリーダーシップ制度のおかげでチームマネジメントにも長けています。何より語学堪能な人間が非常に多い」と今村副学長は、APUの学生が企業から人気が高い理由を説明する。

新卒一括採用は海外の学生に人気？

特筆すべきは、日本に留学してきた国際学生の多くが、自国に帰らず日本国内の日本企業にそのまま就職することだ。実は海外の学生にAPUが人気の高いポイントが、この「日本で就職ができる」という点にある。なぜだろうか？　今村副学長が種明かしをする。

「優秀な国際学生がAPUに留学する理由のひとつに、『日本企業に就職できること』というのが挙げられるのは、多くの国では企業の一括採用がないからです。極端な話、一流大学に進学したとしても卒業時に必ずどこかの企業に就職できるとは限らない。でも、日本は今でも企業が足並み揃えて一括採用を行います。APUで成績優秀ならば、ほぼ間違いなく一流企業へ就職できます。これは多くの国際学生が自国に戻っても望めないことなのです。日本の企業の一括採用は批判も多いのですが、APUの国際学生を見るにつけ、海外の優秀な人材にとっては相対的に魅力的な制度である、という見方もできるのです」

企業側からみれば、APUの国際学生の多くは企業が求める要素をいくつも持ち合わせているという。まず英語が必ずできる。それとは別に母国語ができる。日本語もできる。日本の歴史や文化についても勉強している。日本的なコミュニケーションの取りかたにも慣れている。さらに、自国に戻れば「名家の出身」「ＶＩＰの子供」という学生もいる。つまり母国に強くネットワークを持っている。海外に進出している日本企業にとって、ＡＰＵの卒業生が母国の支社に勤務してくれればビジネスの面でさまざまなメリットがあるというわけだ。

ＡＰＵの卒業生は、他大学の卒業生がまず持ち得ない武器を卒業と同時に手にする。それは日本全国と世界１００ヵ国に広がる卒業生のネットワークだ。世界の学生が混ざり合い、「４年間同じ釜の飯を食った仲」となる。大学を卒業して世界中に散らばったとしても結束は固い。卒業生たちは、「校友会」を地域ごとに組織して、定期的に集まっている。日本国内には7つの、海外には21ヵ国・地域の「校友会」が存在する。

たとえばＡＰＵの学生が海外に出たとき、その国・地域の校友会に連絡をとれば、必ず手厚い歓迎を受けることになる。「３つの50」がつくりあげたグローバルなネットワークは、文字通り、アジアを、太平洋を、世界を覆っているのである。

実際にＡＰＵの卒業生を採用した企業と、就職したＡＰＵ卒業生の声を聞いてみよう。

夫婦でパナソニックに勤めるウズベキスタン人卒業生

パナソニック株式会社は、ＡＰＵが初めて卒業生を出した２００４年から２０１５年春までに34人のＡＰＵ卒業生を採用し続けている。その３分の２が外国籍の卒業生で、インドネシア、ベトナム、ウズベキスタン、イギリスと多岐にわたる。積極的に国際学生を採用する背景には、同社が90年代から「多様性」を重んじるようになったからだ。ビジネスの海外比率が高まり、事業のグローバル化が加速する中で、必然的に多様な出自の社員が必要になったという。採用センター採用課の本多康弘氏は語る。

「ＡＰＵの卒業生は、国籍が多岐にわたっていることもあり、新入社員の時点でグローバルな視点や考え方を持っています。グローバル市場でビジネスをしなければならない当社のニーズとぴったり。このためさまざまな国の卒業生を採用してきました。彼ら彼女らは、グローバル人材でありながら、海外志向のみならず、日本の文化や慣習への理解も持ち合わせていることがポイントですね」

パナソニックの事業分野は、日本国内はもちろん海外でも、家電から店舗、病院、学校、自動車、航空機さらには町全体までどんどん広がっている。

「グローバルに活躍できる可能性を大いに秘めたAPUの学生は魅力的です」（本多氏）

そのパナソニックに2008年入社したのがアビドウ・ジャロリッヂンさん。ウズベキスタン出身だ。APUにはウズベキスタン人が多く、自身の頃には20人足らずだったのが今や100人が在籍しているという。現在の仕事は、産業用ロボットや半導体製造装置などに使用されるモーターの欧米担当営業である。

「工場でモーターの製造実習を体験したのちに、東南アジアを振り出しに、韓国、ヨーロッパと担当が代わり、2015年から米国担当を兼ねることになりました」

パナソニックを選んだのは、祖国で同社の製品に囲まれて育ち、愛着があったこと、創業者の松下幸之助を尊敬していること、APUに来た採用担当者の「グローバル企業に脱皮しなければ」との言葉に共感したこと、の3つの理由があったそうだ。

「妻もウズベキスタン人で同期としてAPUに通い、同期としてパナソニックに入社しました。当社はまだ外国人社員の比率がそれほど高くないですが、今の職場はとても働きやすい。同僚や諸先輩方が異文化を受け入れてくれるからです。新しいプロジェクトを立ち上げて成功するのが一番の楽しみですね。将来的に経営企画をやっていきたいです」

富士通ではルーマニア人卒業生が採用担当に

東京・汐留の富士通本社のロビーで出会った人事担当者は、ルーマニア人のバリカ・ミハイ・ダニエルさん。富士通株式会社の人材育成部門で教育担当を任されている。第4章に登場した別府の街でバイト先のおじさん相手に「コマネチ！」を披露したあの彼である。

2010年の入社と同時に人事部に配属され、以来人事一筋6年。5年8ヵ月は採用がメインの仕事で2016年1月から人材育成部門に異動した。異動前の仕事については、「人を見極めなければいけない難しい仕事ですが、やりがいのある仕事でした。世界一の人材を採用する、というのを自分の価値貢献のミッションとしていました」と語る。

ダニエルさんは高校時代、本国での学校教育に飽き足らなかった。そこでAPUに留学を決意したが、一方で日本に関する情報は『将軍』のテレビドラマや映画『ラストサムライ』のみ。「現代でもちょんまげを結う人がいると思っていました」と笑う。今や流暢に日本語を使いこなせるのは、学生時代に毎日猛特訓を受け、一気に修得した成果である。

就職活動の際、ルーマニアに帰る選択肢もあったが、個人ではなくチームで働く日本の文化が自分に合うとも感じていた。大学のオンキャンパス・リクルーティングで来てくれた企業の中で富士通を選んだのは、このとき話をした同社の採用担当者から「うちのグローバル化はまだまだ。だからこれから必死に進めたい」という言葉が出たこと。（この会社ならば、僕のパーソナリティが生かせる！）と思ったという。

富士通には、ダニエルさんが入社する前からすでに14人のＡＰＵの卒業生が働いていた。彼が採用担当になってからもたくさん採用した。日本人はもちろん、インド、インドネシア、タイ、ベトナム、韓国、中国、ケニア出身者とバラエティーに富む。ダニエルさんは言う。「一採用担当者としてＡＰＵの学生を面接したときに感じるのは意識の高さ。とりわけ国際学生は高い。そして非常に真面目なんです」

ＡＰＵに国内外の社員を短期留学させている三菱ＵＦＪリース㈱では、ＡＰＵの卒業生の採用にも積極的だ。水谷真基執行役員によれば「ＡＰＵは２０００年の開学のときから、認識していました。別府に留学生が50％以上の超国際的な大学ができたらしいぞ、と。ＡＰＵの卒業生は２００５年から採用し、これまでに14名が入社しています」

同社はすでに記したように、ＡＰＵに現役社員を短期留学させ、プレゼンテーション・ディスカッションを行う研修を開催している。水谷執行役員もこの研修に出席し、ＡＰＵ

の学生たちに向けたリース事業に関する講演も行っている。

「いいリクルートの機会にもなっています。通常学生がリース事業に直接興味を持つことはほとんどない。私の講演を通じて初めてリース業を知り、関心を持つ学生たちもいます」

同社の場合、海外営業資産が約3割を占めるため、単純計算で英語もできて国際感覚がある社員が全社員中3割は必要になるという。

「APUの国際学生は、日本語と日本の文化になじみがあるので、当社のような日本企業の海外支店で働くうえで、相当なアドバンテージを持っています。プロジェクトを進めるとき、トラブルの対応をするとき……社内外の調整において、現地の文化だけでなく日本企業の仕事におけるプライオリティーや間合いもわかることはスムーズに仕事を進めるうえで非常に重要ですから」

では、実際に同社にはどんな学生が就職を決めたのか。2014年9月に卒業し、2015年春に入社した中国人の李繽雪《リビンセツ》さんに話を聞いてみよう。

「大学時代にマレーシアやタイなど東南アジアの国々を旅行してこれらの国々の将来に可能性を感じました。一方で日本企業が進出する際に、金融業やリース業が大きな役割を果たすと思いました。アジアはまだまだインフラが未整備で、かたちをつくるには資金が必要。そんなときに金融やリースのような事業は不可欠になる。そう思って入社しました」

李さんの場合、APUに進学するきっかけは、高校生のときAPUに通っていた先輩にキャンパスの写真を見せてもらったことだった。「さまざまな人種や国籍の人たちが一緒のテーブルでご飯を食べている。ここに行きたい！とすぐに思いました」

APUの国際学生には中国出身者も多い。李さんが入学した2010年9月も100人以上の中国人が入学したという。同じ高校からなんと14人もAPUに入ったとのこと。ややもすると中国人だけが固まって閉じたコミュニティをつくってしまう可能性もあった。

「そう思って、私はAPハウスに入寮するときシェアルームにしてもらい、なるべくいろんな国の人と過ごそうと思ったんです。すぐにいろいろな国の友達ができました」

APハウスでの生活が李さんを大きく変える。入寮時から新入寮生の面倒を見てくれる先輩のRA（レジデント・アシスタント）がとてもまぶしく感じられた李さんは、2回生のときにRAに応募し、以来4回生まで3年間RAを務めて後輩たちをサポートした。

「RAを長年経験して、多文化組織をマネジメントする術を学びました。国によって話し合いに臨む姿勢はまったく違います。中国人とベトナム人は自己主張が激しい。韓国人は先輩・後輩意識が強い。日本人は遠慮して黙りがち、などなど。ファシリテーターとしては、それぞれの考え方や背景を理解したうえで意見を公平に出してもらえるよう工夫する。この方法はゼミのディスカッションでも役立ちました」

李さんのように、大学時代に学生寮のAPハウスのマネジメントや授業のサポートなどを行うなど、RAやTAなどの仕事を通じて、APUの学生たちは、現実社会で重要となる、多様な人たちと「一緒に仕事をする」「その中でリーダーシップを発揮する」「フォローアップ」するスキルを磨いていく。

水谷執行役員も「APUの卒業生の魅力は、大学時代に社会人に求められる『初めて会う人、多様な国籍の人と一緒に仕事をする』心構えができているところですね」と語る。多様な背景を背負って集まった学生を「混ぜる教育」で鍛える。APUの教育環境は、結果として、ビジネスの世界で即戦力となる人材を育てている側面もあるのだ。

ヤマト運輸では初の外国人係長にAPU卒中国人女性が

「クロネコヤマトの宅急便」で知られる運送業大手のヤマト運輸は、アジアに宅急便サービスを広げようとしている。それに伴い人材のグローバル化が急がれており、外国籍の人の採用を増やしている。

２０１０年に入社した朱暁楠さんは、まさにそんなグローバル人材のひとり。ＡＰＵの卒業生である朱さんは、ヤマト運輸初の外国人係長でもある。

ヤマト運輸が宅急便の海外進出を本格化したのは２０１０年。90年代から台湾では宅急便サービスをスタートしていたが、この年からシンガポールと上海、その後、香港、マレーシアと、アジアでの宅急便サービス拡充に乗り出した。

個人客向けの宅急便サービスを海外で展開するには大きなハードルがあった。朱さんの直属の上司でもあるヤマト運輸国際戦略室長の梅津克彦執行役員は解説する。

「個人向けサービスの宅急便は、荷物をお客様まで直接届けるセールスドライバーの品質が命です。単なるトラック運転手ではなく、日々お客様と接して営業を行い、きめ細かな宅配サービスを実現するセールスドライバーが育たなければ、宅急便サービスは展開できません。このセールスドライバーをはたして海外で育てることができるかどうか。それが当社の課題でした。海外での宅急便サービスの展開を決断したとき、同時にマネジメントもグローバル化する必要がある。そこで、当社では世界中から優秀な学生が集まっているＡＰＵに注目したのです。この大学に、当社の海外での現場のマネジメントを託せる人材がいるに違いないと」

ヤマト運輸では、宅急便の国際展開をする数年前からＡＰＵに出向いて学内就職説明会に毎年参加していた。そこで２０１０年に採用された１人が朱さんである。同社がＡＰＵから外国人枠で採用した1期生だ。ちなみにこの年、朱さんを含め8人のＡＰＵ国際学生が同社に入社した。

ＡＰＵに来る前は中国の遼寧工業大学に在籍していた朱さんは、もともとオーストラリアの大学に留学しようと考えていたという。

「英語を生かせる留学先といえば、英米かオーストラリアですから。でも、日本に英語ですべての授業が受けられる大学がある、と聞いて進路変更しました。その大学がＡＰＵだったのです」と語る朱さんは、遼寧工業大学を卒業後、ＡＰＵのアジア太平洋学部の3回生として編入する。

来日時点では「まったく日本語をしゃべれませんでした」と言う朱さんは、卒業時までに日本語を完璧にマスターし、グローバル化を進めるにあたってアジアの優秀な人材がほしいというヤマト運輸に入社。最初の1年3ヵ月、ＡＰＵのある大分支店に勤務した朱さんは、その能力を買われて、アメリカのＤＨＬのフロリダ本社に半年間の研修に出向。そして、ヤマト運輸のグローバル戦略を現場で指揮する梅津執行役員の部下となる。

「朱さんは当初からずば抜けていましたね。中国語、英語、日本語ができる。明るく外交的で、ホスピタリティもある。大企業の幹部や政治家と会っても物おじしない。そんな彼女を見て、私は以前からあたためていた外国人の幹部育成計画を実践しようと決めたのです」と梅津執行役員は振り返る。

朱さんは梅津執行役員に張りついて、マネジメントのいろは、ヤマト運輸の宅急便グローバル戦略の現場を学んでいった。

「日本の大企業の役員から、海外の取引先のトップや政治家に至るまで、梅津執行役員の交渉の現場にいつもついて行かせてもらいました。最高の勉強になりました」（朱さん）

ＡＰＵの生活で鍛えられたコミュニケーション能力と、中国語、英語、日本語を自在に使いこなす抜群の語学力で、朱さんは梅津執行役員のもとで頭角を現し、２０１５年には、ヤマト運輸初の外国人「係長」の役職を持つにいたる。「フランス人男性の部下もいます」（朱さん）と、彼女が属するチームは国際混成部隊である。

梅津執行役員は言う。

「宅急便のようなきめ細かな個人向けサービスをグローバル化するには、現場のセールスドライバーだけを現地採用するだけではうまくいきません。現地のマネジメントもグローバル化しないといけません。その意味でもヤマト運輸では、外国人の管理職を育てることが必須課題なのです。私がいま務めているグローバル推進部のトップもいずれ外国人になった方がいい。これまで現地採用の外国人社員をマネジメント層まで引き上げるには至っていませんでしたが、朱さんが係長になったのをきっかけに、近い将来、彼女も含め、多様な外国人社員がヤマトのグローバル戦略を率いる時代が来てほしい。そのためにも朱さんには自分の後継者を育てていってほしいものです」

ＡＰＵの国際学生たちは、現在、海外戦略要員として日本企業にもてはやされるケースが多い。けれどもそこにとどまらず、ヤマト運輸での朱さんのように、「中間管理職」となって部下を持つようになれば、日本企業は内側からグローバル化できるようになる。

「ＡＰＵでは、日本人外国人にかかわらず、どこの国の企業でもマネジメントができるような学生たちをもっともっと育てていきたい」と今村副学長は話す。

APU卒業生は総合商社向き、と住友商事

国際人材をもっとも欲している業種といえば、総合商社が挙げられる。世界中にビジネスのネットワークを張り巡らせ、石油・石炭のようなエネルギー、鉄鋼などの金属、あらゆる農産品や加工食品、自動車など工業製品、コンビニエンスストア、はては金融業から発電所整備、街づくりまでをも担う。一方で総合商社の取引先は古くからの日本の大企業である。このため、商社マンには、どんな見知らぬ環境でも果敢に挑むことができる国際感覚と、日本のビジネスの「あ・うん」がわかる和風のコミュニケーション術の双方が求められる。両方を持ち合わせている人間はそうそういないためだろうか、これまで日本の総合商社はその業態の割に外国人社員の数はさほど多くなかった。

住友商事では、APUの卒業生を積極採用し、国際人材として活躍させようとしている。人事部部長代理の髙橋勇採用チーム長（取材当時）は、これまでに3回APUのキャンパスに赴き、採用のための会社説明会を主催している、住友商事きってのAPU通である。「APUは、2000年の開学当初から注目していました。日本人と外国人が混ざって勉

強して、一緒に生活する。現役商社マンの海外での暮らしみたいな環境に4年間どっぷりつかった学生たちは絶対に商社向きだ、と思ったからです。2003年度APU最初の卒業生の1人であるタイ人卒業生がタイ住友商事に入社しました。以来、海外拠点では、韓国、ベトナム、インドネシア、シンガポール、台湾、モンゴルと、アジアを中心にほぼ毎年これまで18人の卒業生が世界中の現地法人・事業会社に入社しています。私がシンガポールに駐在していたときにも、同じ部署にAPUの卒業生で中国系の女性が働いていました。2013年と2015年には住友商事本社でもAPUの卒業生を新卒採用しています」

2013年に初めて本社採用されたのは韓国人で、いまはガーナに赴任しているという。

住友商事の採用のユニークな点は、本社採用とは別に各現地法人が独自採用をずいぶん前から行っていること。世界各国からやってきたAPUの国際学生は住友商事の現地採用制度と相性がよかった。日本で学び、祖国に戻り、日本企業で働くことができるからである。APU国際学生は日本企業で働くのにぴったり、と高橋氏は言う。

「日本で4年間暮らしているせいか、日本的な気配りや配慮ができて、空気を読むのも上手な人が多い。だから、日本人とチームをすぐにつくって回すことができるんです」

「将来は現地法人の社長を目指します」とヤンマー入社のタイ人女性

今度は日本企業に就職した卒業生の声を聞いてみよう。

ヤンマー株式会社グローバルカスタマーサービスユニット部品部推進企画グループで働くタイ出身のチョンプヌット・ジャイエンさん、通称インさんは就職面接の際に「将来はヤンマーのタイ現地法人の社長になりたいです」と豪語して入社した。

高校時代に一度交換留学で日本を訪れたことがあり、その後はフィンランドで1年間留学経験もある根っからの国際派である。APUに進学するきっかけは、高校の先生に「APUの奨学金制度に応募してみない？」と声をかけられたこと。すでに一度日本で暮らしたことのある彼女は、一も二もなく「行きます！」と即答した。2007年9月に国際経営学部に入学し、APハウスでは2回生でRAを務め、寮のフロアリーダーもこなした。

APU同期入社組は7人。入社してからは農業機械のトラクターやボート等船舶のエンジン用の部品を調達する仕事を3年行ったあと、2015年から推進企画部に移り、海外に大型船舶用の大型エンジンや横水エンジンなど多様な種類のエンジン部品を販売する。

彼女が入社した2012年はヤンマー100周年。佐藤可士和氏が新しいロゴをデザインし新社屋に移り、新しいトラクターを世界的工業デザイナーの奥山清行氏が手がけた。

「近い将来、タイも重要な生産拠点のひとつになるはず。そのときまでに、ヤンマー社内のあらゆる仕事を経験しておきたいです」とインさんは語る。

住友電工、ボッシュを経て起業したバングラデシュ人卒業生

卒業生の中には大企業にいったん就職したのち、自ら起業するひともいる。現在、バングラデシュに進出する日本企業にコンサルティングする会社。代表取締役タハミド・モイヌルさんは、日本に来る前は、バングラデシュのナンバーワン国立大学、ダッカ大学の学生。将来は父親と同じ医師になるつもりだった。

「でも、そんな自分の未来に疑問を持ち始めたんです。もっと大きなチャレンジをしたい。いずれ起業しよう、と」

ならば、と父親はタハミドさんに言った。

「日本に留学しろ。一番安全で学ぶことがたくさんある国だ」

そのとき名前が上がったのがAPUだった。ただしちょうど2000年、開学した年の話である。APUはまだ何の実績も出していない。そんな異国の新興大学に飛び込むきっかけは、英語の授業が完備されていること、そして「むしろなんの実績もないところに惹かれました」というタハミドさんの起業家魂が、APUへの進学を決定づけた。

2001年秋、APUに入学したタハミドさんは60を超える国・地域の学生が集まっているのにびっくりした。授業もケーススタディをもとにしたグループワークをやるときは、なるべく同じ出身国の者がいないように、多様な留学生と日本人とが混ざったグループに分けられるキメの細かさに驚かされた。

卒業後、タハミドさんは住友電工に入社し、住友電装に出向して、ヨーロッパとインドとタイの関連会社業務を担当した。扱っていた商材は、自動車のハーネスとコネクター。経営企画部に所属し、自動車部品の販売事業を各国で拡大するための計画を立てていた。

なぜ住友電工に就職したのか？ タハミドさんは言う。

「日本の財閥系の会社に興味があったからです。せっかく日本で就職するのだから、〝ザ・日本〟という会社に入りたかった。大手自動車会社からも内定をもらっていましたが、財閥系にまずは行こう、と」

タハミドさんは海外での仕事でAPUのネットワークに何度も助けられたという。

「住友電装時代にタイに出張するときも、現地のタイ人のAPUの校友と連絡を取ることでビジネスがスムーズにいきました。独立したあとに、ミャンマーに出張したときも現地に卒業生がいたので助かりました。世界中に広がって、かつ現実のビジネスで生かせる人的ネットワークは、そうそうつくれるものではありません。APUは、なんと開学と同時にそんなグローバルネットワークを卒業生たちに提供してくれたんです」

住友電装に3年勤めたあと、ヘッドハンティングされて、ドイツ系のグローバル企業ボッシュに転職したタハミドさんは、同社の「ジャンププログラム」により27歳で史上最年少のアジア地域統括マネジャーになる。その一方で、筑波大学でMBAをとり、そのときつくったビジネスプラン「スカイプを使ったオンラインの英会話教室事業」を、会社に許可を得て「社会貢献事業」として学生時代の友人と立ち上げる。

「英語が上手なフィリピンの人たちに先生になってもらい、インターネットを活用して、ビデオ英会話授業を1時間数百円と格安な料金で配信する仕組みです。いま同様のサービスがたくさんありますが、2009年に始めた私のサービスがおそらくパイオニアです。きっかけは、学生時代のフィリピン人の友達が、『フィリピンでは、優秀な人でも仕事がなくて困っている』と嘆いていたことでした。フィリピンには、英語が話せて優秀な人材がいるけれど、多くの人に仕事がない。一方、日本には、英語を学びたいけれど時間もお金もない、という人がたくさんいる。ならば、フィリピンと日本の間で、〝知的フェアトレード〟を実現できないか、と考えました。結果は大成功。おかげさまでこのビジネスは、さまざまなメディアに取り上げていただきました。今もずっと業容を広げて続いています」

その後、タハミドさんはボッシュを退社し、英会話事業を続けながら、もうひとつ起業する。ＪＢＢＣ（ジャパン・バングラ・ビジネス・センター）㈱。バングラデシュに進出したいと考えている日本企業に、現地のパートナー企業を探し、営業、仕入れ、法務、労務、会計などビジネス全般にわたってサポートをする会社である。

「２０１５年時点で15社のクライアントがいます。大手アパレル企業から印刷会社まで、業種はさまざまです。バングラデシュはまだ貧しい国ですが、１億５０００万人の若い人口を抱える未来ある国でもあります。その市場の可能性に懸ける日本企業はたくさんある。そのお手伝いをするのが私の仕事です」とタハミドさんは笑う。２０１６年春には成功事例を１００載せた書籍も出版する。

タハミドさんに限らずＡＰＵの卒業生は、いま世界各国で起業している。それぞれの起業がネットワークされ、有機的につながる。「ＡＰＵは自分次第でどこまでも可能性を広げられる大学です。世界中に散らばる卒業生と一緒に、世界を相手にビジネスを起こしていきたい」と言うタハミドさんの言葉は、世界中で起業する卒業生の共通する声でもある。

「親子２代がＡＰＵで学んでいます」とベトナム人女性経営者

開学から16年。ＡＰＵの卒業生の中にはすでに親子二代にわたって、ＡＰＵに通う人たちがいる。現在ベトナムでアパレル刺繍工場を経営するレ・ティ・ラム・ハオさんはもともと小児科医だったのを廃業し、ＡＰＵの１期生として入学し、ビジネスに目覚めて日本の貿易会社のベトナム工場のマネジャーを務めたのち、今では日欧米のブランドの刺繍工場をベトナムで展開している。彼女の２人の息子もＡＰＵに通っているという。

「90年代小児科医だった私は、自国が経済成長し始めたとき日本で学びたい、と痛切に思いました。英語で学べる新しい大学が日本にできると聞いて、えいやっと応募しました。それがＡＰＵです。開学前の話です。首尾よくＡＰＵの１期生となりました。すでに夫がいて２人の息子がいたのですが実家に預けて不良母の私はひとり別府にやってきました」

ＡＰＵに通うまでハオさんは、ベトナム語以外に英語がしゃべれるだけだった。しかし、猛勉強の結果、在学中に日本語に加え、中国語も使えるようになった。卒業後はベトナムに戻り、政府から土地を買って工場を建設、日本の貿易会社に貸すビジネスを始めた。ところが、この日本企業は3年後、ベトナムから撤退してしまう。負債だけが残されたハオさんは死に物狂いで働き、「現在は8つの工場のオーナーであり、日本企業と韓国企業に2つずつ、台湾の企業に3つ貸しています。残り1つの工場では、アメリカン・イーグル、アディダス、ナイキなど大手の製品の刺繍を請け負っています。ベトナムの刺繍企業で最大の規模を誇っています」と起業家として成功を収めた。

「ＡＰＵで日本のマネジネントを教わったのがすべて経営に生かされています。日本企業の5Ｓ（整理、整頓、清掃、清潔、しつけ）を工場で必ず守るようにすることで、ライバルに比べて圧倒的な品質を誇ることができるようになりました」

ハオさんが1期生の当時は周囲にＡＰＵを知るベトナム人はほぼいなかった。

「私が宣伝係を買って出ました。ベトナムで宣伝しまくったんです。だからしばらくの間、ベトナムからの国際学生の半数くらいは私の知り合いでした。これまでに1000人を超えるベトナム人がＡＰＵを卒業したと聞いています」

ハオさんが徹底しているのは、かつて自分がAPUに通っているとき、祖国の実家に置いてきた2人の息子をなんとAPUに入学させてしまったこと。「卒業後は、日系企業に入って経験を積んでもらいたいですね。日本語ができるベトナム人はまだまだ少ない。ベトナムと日本の架け橋になれる人材になってほしいと思います」と語るハオさん。彼女こそは、APUにおけるベトナム大使である。

世界21ヵ所をつなぐ同窓会「校友会」

APUの特徴は、卒業した同窓生のつながりが非常に強いことだ。すべての在学生と卒業生を「校友」と呼ぶ。そして、日本国中世界中に散らばるAPUの「校友」ネットワークをベースにAPU校友会という組織を各地に設けている。

会員数は2015年時点で1万2672人(国内:6748人、国際:5924人)。その構成はAPUの在学生と同じように半数近くが国際学生の卒業生である。

校友会は、国内外に多数の拠点がある。7拠点――関東、関西、中部、中四国、福岡、大分、熊本。海外に21の国および地域――香港、上海(中国)・北京(中国)、台湾、韓国、フィリピン、マレーシア、ミャンマー、ハノイ（ベトナム）、ホーチミン（ベトナム）、タイ、インドネシア、シンガポール、インド、スリランカ、モンゴル、サモア、トンガ、ラテンアメリカ、アフリカ、ヨーロッパ。

この校友会の様子をのぞいてみることにしよう。2015年4月25日、東京・校友会は、APUを卒業して上京してきたばかりの新入りの「校友」たちを歓迎するパーティを渋谷で開いた。会場に集まったのは、国籍も年齢も多彩な約100人。東京校友会の代表を5年間務める笠松太洋さんは、母がアメリカ人で父が日本人のバイリンガル。インターネットオークションの企業に勤めている。「校友会の役割は、APUの力を日本と世界の各地で結集させること。みんな仲がいいから毎週のように各地で会っていますが、校友会が中心になって公的に人を集めると結束力は2倍3倍と強くなります」と言う。

2015年春に、卒業した近藤さやさんは、「日本企業の内定を8つとりつつ、アメリカの大学院を目指して勉強中です」。APUでは、授業をサポートするTAの仕事に尽力し、アクティブラーニングプログラム（APUの学外での学習・留学プログラム）にも積極的に参加し、「当時あったプログラムはほぼ制覇しました。APUでなければ海外に行く機会もなかったと思うので、APUには大感謝です！」と語る。

2012年卒業の深尾善弘さんは、「地域情報を扱うウェブメディアで制作や営業のほか、企画や他社とのコラボレーションを進める仕事をしています」。最近移住に興味のある若い人が増えているのもあり、この世界に飛び込んだという。APUの学生と日本の地方をつなげるのが目標だ。

「3年間APハウスで生活し、RAを務めて最後の半年はリーダーを務めました。寮の運営に取り組めたのは、なにものにも代え難い経験です」と言う。

バングラデシュ出身で2011年卒業のアル・アサドウザマンさんは「私の親戚も3人イギリスに留学している中で、あえて非英語圏の日本に行こう」と考えた。決め手はやはり「日本の大学でありながら英語で勉強できること」。卒業後は、スピーカーやヘッドホンの製造とOEMを販売するフォスター電機に入社。「中国、ベトナム、インドネシア、ミャンマーなどからの資材調達が仕事です。海外出張ばかりで日本にいる時間が1ヵ月のうちのたった2週間ということも」と話す。

在学中は、「マルチカルチュラル・キャンプ」という多文化環境にスムーズに移行できるキャンプのイベントやマルチカルチュラル・ウィーク、就職活動をする学生のための相談イベントなどに参加していた。

「私の仕事は、イベントの制作とマネジメント。裏方仕事と経営の面白さを覚えました」

やはりバングラデシュ出身で2008年卒業のハサン・エイケイエム・ラシュドゥルハサンさんは、バングラデシュの大学に2年通ったあとに兄のいるAPUに転入した。

「兄に話を聞いて、日本の大学、いやAPUという大学で勉強するのが将来のために絶対いい、と思ったんです。将来世界を股にかけて仕事をしたいと思っていた僕にとって、多国籍なキャンパスライフはここでしか手に入らないものでした」

ハサンさん、現在はメーカーに勤めている。

「北米・欧州・アジアに生産拠点があり、僕はタイの拠点で働いて、日本の自動車メーカーに対する営業を行ってきました」

ハサンさんは来日当初、まったく日本語もわからず、日本の文化や風習も知らなかった。

「日本の学生やスタッフが助けてくれて、私は日本語と日本の文化を身に付けることができました。今、私が日本の企業で仕事ができるのも、APUの先輩たちが教えてくれた日本語と日本の文化のおかげです」

芦村夢樹さん。2006年卒業の彼女はインドネシア出身だがこの名前は本名である。

「日本が大好きなので社会人になってから、国籍を移して日本人になっちゃったんです」

というから驚きだ。

「日本に行くのが9歳のときからの夢でした。きっかけは日本の漫画。漫画の中の日本の生活にずっと憧れていたんです。APUのことは、高校生のときに進学用パンフレットで知りました。APUで、日本と世界とを同時に知ることができたのは私にとって何よりの経験です。こうやって校友会に出席すれば、卒業してからもAPUの輪の中に、いつでもどこでも入ることができます」

株式会社ジェイテックというインバウンド専門の旅行会社で働いている。

「海外から来日する外国人観光客向けのビジネスです。現在は9割が中国からのお客様ですが、これからインドネシアをはじめ東南アジアを強化していこうと思っています」

130数ヵ国・地域出身の卒業生を輩出してきたAPUは、卒業生の集いである校友会もグローバルだ。毎月世界のどこかで、校友会の集いや大会が開かれている。

2015年5月9日に、タイ・バンコクで開かれた校友大会を訪れた。タイ人の校友＝卒業生を中心に約140人が集結。校友会の活動の紹介・報告をしたうえで、2014年タイ校友会ベストプラクティスアワード（最優秀活動賞）の授与式を行ったあと、タイ校友会代表によるスピーチがあった。

さらに、ライブ演奏、タイのベストコスチュームを表彰するゲーム、別府やAPUに関するクイズ大会など会場は大きな盛り上がりを見せた。キャンパスで毎週のように開催されている「マルチカルチュラルウィーク」がバンコクで再現されているかのようだ。海外での校友会や校友大会は、卒業生同士の重要なネットワーキングの場にもなる。ここでの出会いでビジネスがスムーズに進むケースは少なくない、と卒業生たちは口をそろえる。

タイ校友会の代表ルアブンチュー・パタラポンさん、副代表（マネジメント&キャリア担当）のクナコーンパイブーンシリ・ヌアンパンさん、シニアアドバイザー（政策立案&会計監査担当）のムアンスワン・アノンさんに、今後のタイ校友会活動について聞いた。

「タイの校友会を中心に寄付活動などの社会貢献活動を重点的に展開していきたいです。活動参加者を校友会のメンバーから募って増やしていきたい。まずは50人が目標です」

実際に「APU HANDS」という社会貢献活動を年に3回チェンマイで行っている。

「2014年7月には、19人が参加し、チェンマイにある、脳機能障がいや知的障がいのある子供たちの施設に5万6939バーツ（約18万円）と日用品を寄付しました。9月には12人が参加し、セラピードッグとともにシーチャンという離島にある老人ホームにうかがい1万8500バーツ（約6万1600円）と介護用品、薬、食糧などを寄付しました」

タイ・バンコクの校友会では、こうした社会貢献活動に観光などを組み合わせ、事業を発展させていき、APUのタイでのイメージを高めていこうと考えている。そのうえで、校友会を中心としたタイ国内のAPUコミュニティづくりにさらに力を入れていく。

「APUの大学説明会や、教育的な展示会、地元企業と高校との意見交換会を行っていくつもりです。校友同士のつながりもさらに強化し、校友をお互いビジネスパートナーとして捉え、新たなビジネスをつくりだす機会の提供、卒業生への就職支援策なども検討しています。さらに、校友会だけにとどまらず、APUに関心のある方々、特に企業や入学希望者とコミュニケーションを取っていきたいと思っています」

企業の採用担当者を別府に呼ぶ

ただし、APUが「就職に強い大学」になったのは、放っておいても日本企業が同大学の学生たちを採用したからではない。APUの立地は、東京からも大阪からも遠く離れた大分県別府市。さらにその別府市からも中心街から自動車で30分近くかかる。学生たちにとって就活＝就職活動をするには、きわめて条件の悪いところなのだ。

そんなＡＰＵのハンディに当初から気づいたのが、２代目学長を２００４年から２０１０年まで務めたモンテ・カセム氏だ。第4章でも登場したスリランカ出身のカセム氏は、スリランカ大学を卒業後72年に国費留学生として来日し、東京大学で工学博士となったのち、三井建設などを経て、94年立命館大学国際関係学部に教授として招かれた。

日本の政財界で親日派の外国人研究者として高く評価されているカセム氏は、まさに国際大学ＡＰＵの「顔」として２００４年に2代目学長に就任した。

「小都市の郊外に広々したキャンパスを持つＡＰＵのような大学は、世界では珍しくありません。アメリカの大学では当たり前です」と話すカセム氏は一方で、地方にキャンパスがあることが学生たちにとって就職活動の観点からすると不利になることも気づいていた。

「そこで強化したのが、オンキャンパス・リクルーティングです。企業の採用担当者にＡＰＵまでお越しいただき、学生たちがキャンパスで企業説明会を聞くことができる仕組みです。初代学長の坂本和一さんと当時の理事長の川本八郎さんが、日本企業との強力なつながりをつくってくださっていたおかげで、開学当時から企業をＡＰＵに呼んで説明会を始めていたんです。私が学長になった２００４年時点では、坂本前学長自らが企業に陳情してくださったこともあり、アドバイザリー・コミッティ（ＡＣ）メンバーを中心に年間

40社ほどがオンキャンパス・リクルーティングを行っていました」

それでも当時の学生たちの間からは、もっとたくさんの企業にAPUまで来てほしい、でないと就職活動のために大学を休む必要があるし、東京までの交通費や宿泊代もバカにならない、との声が大きかったという。カセム氏は、オンキャンパス・リクルーティングの規模を拡大することが学生たちが多様な日本企業に就職できるための最大の戦術となると考え、さまざまな企業に熱心に声をかけ続けた。

「おかげさまで私が学長を退任した2010年から現在まで、年間約380社が説明会をAPUで開いてくれていると聞いています。」

学生たちが遠く離れた東京の企業にたやすく就職できるようになった背景には、こんな大学側の努力もあったのだ。

APUの誕生の裏には、企業との連携が最初からあった。それは取りもなおさず、「3つの50」の概念が、最前線で働く日本の経営者にとって次世代を担う日本と世界の若者たちを育てるのにうってつけ、と判断されたからに相違ない。

実際、APUからは数多くの卒業生が日本企業のグローバル部門へと進んだ。ユニークなのは、全学生の50％を占める海外からの国際学生たちの多くが日本企業に就職していることだ。そして、日本で、世界で、自分の祖国で、活躍していることだ。

長年、日本企業は、自社のグローバル化がなかなか進展しないこと、具体的には外国人社員を増やせないことに悩んでいた。日本の風習を知り、日本語も英語も操ることのできるＡＰＵの卒業生は、日本企業が欲する理想のグローバル人材である。

ＡＰＵは大学そのものが多文化環境であり、学生はみんなたくましく育つ。語学力はあるし、就職先の企業からは「クレーム電話も嫌がらずにとる」「ストレス耐性が高い」「環境変化にすぐ適応する」と好意的な意見が挙がっている。海外出張・赴任の機会があれば、どこの国であろうとまっさきに手を挙げる。こうした「バイタリティやタフネス」は、ＡＰＵの卒業生に共通する特徴だ。授業でディスカッションやプレゼンをよく行うため、「表現力、コミュニケーション力」が豊かだ。

「大学自体にある意味でベンチャー企業的な側面があるんです。不可能を可能にしてきたＡＰＵの中には起業家精神があふれています。その大学のＤＮＡが卒業生にも刻まれていると思います。だからこそ、これからはもっともっとグローバルな起業家、チェンジメーカーがＡＰＵから育ってほしいと考えています」（今村副学長）

卒業生たちの中には、企業に就職するほかに、自ら会社を興したり、社会起業家の道を歩んだりする者も多数いる。日本で就職しようと、世界に雄飛しようと、ベンチャー経営者になろうと、社会起業をしようと、卒業生は、その地域ごとにAPUのネットワークを構築し、キャンパスの多様性と活気とを再現した「校友会」を組織する。

APUでは将来、大学そのもののカリキュラムを世界のさまざまな大学と連携することで、いろいろな国で学ぶ機会を学生たちに与えていこうと考えている。そんな大学の構想に先立つように、すでに同窓生たちの自主的な力で国内7ヵ所、海外21ヵ国・地域に校友会が組織されている。別府の山の中腹の大学から飛び出した130近い国・地域の卒業生たちが、文字通り世界をつなごうとしているのである。

ＡＰＵで鍛えた「外交力」を、宅急便のグローバル化に活かしてほしい

梅津 克彦　ヤマト運輸株式会社　執行役員　国際戦略室長

ヤマト運輸は２０１０年からアジアで「クロネコヤマトの宅急便」を展開し始めています。シンガポールと上海を皮切りに現在では香港やマレーシアでも事業を拡大しています。宅急便は１９７６年に小倉昌男社長（当時）の発案により誕生し、１９９７年に小笠原諸島までの日本全国を網羅する宅配サービスとなりました。

ところが、海外展開には時間がかかりました。理由は宅急便のサービスを担う「セールスドライバー」の仕事がトラック配送のみならずお客様への営業、はてはサービス開発までを担う、マニュアル化しにくい高度なものだからでした。私はアジアにおいて、「宅急便（ＴＡ－Ｑ－ＢＩＮ）」という言葉を動詞にしたいと考えています。小さなプレゼントから大きな機材まで人が何かを送るときに「宅急便する」と使われる言葉になってほしい。

そのためには、国内水準のセールスドライバーを養成し、宅急便の利便性を海外で証明しなければなりません。当社にとって大きな課題でした。

この課題を解決するには、まずはヤマト運輸本社で海外人材を積極的に採用し、海外での現場でのマネジメントを担えるだけのスタッフを育てるしかありません。当社では2000年代から海外の人材を広く求めてきました。そこで注目したのがAPUだったのです。80ヵ国前後の学生たちが勉強するAPUには、私たちが海外展開しているアジア諸国からの学生たちがたくさん混じっていました。開学間もない頃から、ヤマト運輸では学内就職説明会に毎年参加し、これまでに8人の国際学生を採用しました。

その1人で2010年に入社したのが朱暁楠さんです。中国の遼寧工業大学を経てAPUを卒業した朱さんは、中国語、英語、日本語を自在に操れ、経営学の知識もある。一緒に仕事をするようになってわかったのですが、明るく外交的でホスピタリティに富み、大企業の幹部や政治家と会っても物おじしない。彼女と仕事をするようになって、私は以前からあたためていた海外人材の幹部育成計画を実践しようと決めました。

基本的には執行役員である私の業務秘書的なポジションについてもらって、一緒に行動し、肌身でマネジメント感覚を学んでもらうことにしたのです。世界中のさまざまな会議に彼女を連れて行き、企業の幹部や行政・首長、政治家に紹介し、その際には英語や中国語での通訳をこなしてもらいました。結果、各国で出会ったＶＩＰは私に相談したいことがあるとき、まず朱さんに連絡するようになりました。彼女が海外業務の情報のハブとなったのです。

次の段階では、私に代わってプロジェクトを任せるケースが出てきました。私はあくまで助言をするだけ。海外のビジネスパートナーは、彼女を信頼するようになり、担当案件も大きくなりました。彼女には「チーフ・アシスタント・トゥ・エグゼクティブ・オフィサー」という肩書がついているのですが、「アシスタント・トゥ」という部分が、業務秘書であるということを表しています。海外のエグゼクティブには側近的な立場の人間がついており、彼女の肩書を見ると、「この人を押さえればいいのか」と理解してもらえます。

かくして経験を積んだ朱さんは、入社6年目で「係長」となりました。ヤマト運輸の外国人社員として初の快挙です。ヤマト運輸でもすでに海外現地で活躍している外国人社員はたくさんいますが、マネジメント層の養成はこれからです。本社で朱さんに役職がついたことで、ヤマトの海外マネジメントに国際人材が就任する道筋がつながった、と考えています。朱さんには出世して後継者を育て、外国人社員が幹部になるのが当たり前である文化をつくってほしいです。朱さんと仕事をして思うのですが、ＡＰＵのように国籍や民族がバラバラの人たちを「混ぜた」環境で教育を施すと、学生たちは外交力を身につけます。単に多言語で話せるだけでなく、相手のバックグラウンドを理解し、相手の立場に立って考えられる。そんな人材こそが国際社会で真に活躍できる。ＡＰＵには今後さらに注目していきたいですね。

Part 3　社会起業家も続々

ＡＰＵの卒業生が活躍するのはビジネスの世界だけではない。社会起業を決意する卒業生も数多くいる。２０１５年2月、ＡＰＵが糸井重里さんの主宰する「ほぼ日刊イトイ新聞」と組んで「活《い》きる場所のつくりかた。」というイベントを東京・竹橋で開催したとき、ＮＰＯを立ち上げた３組のＡＰＵ卒業生が登壇した。

「活きる場所」をつくった、３組のＡＰＵ卒業生

１組目は、ネパール出身のジョシ・ディネシュさんとライ・シャラドさんである。２人は「YouMe Nepal Trust」というＮＰＯを設立し運営している。目的は「ネパールに学

校をつくる」。ネパールは国が貧しいため男性も女性も10代の少年少女も海外に出稼ぎに行く。行き先はドバイやカタール、サウジアラビアなどの中東が中心で、マレーシアに出稼ぎに行く人もいる。出稼ぎに行ったネパール人の賃金は極めて低く、毎日12時間年中無休で働いても、月収はたった1万5000円程度、年収も20万円に届くか届かないか。

ジョシさんとライさんは、ネパールの劣悪な労働状態の原因が「教育の欠落」にある、と考えた。ネパールには政府の学校が3万5000校あるが、その大半が教育機関として機能していない。教師はやる気がなく、図書館もほとんどない。そのくせ学費が高いために、たいがいの家庭では、小学校を卒業させたら子供を学校に行かせなくなってしまう。

親や祖父が校長先生で学業に優れていた2人は数少ないネパールの進学校に合格し、奨学金をもらって勉強し、APUに進学した。日本の教育環境を知り、世界中の友達ができ、「ネパールの貧困を救うには、まず子供たちがちゃんと教育を受ける必要がある。逞よく僕らは国のおかげで大学まで行かせてもらった。僕らのように教育の機会を与えられた子供たちが増えれば、ネパールはもっとよくなる」と考え始め、卒業直前の2011年に、ネパールに自らの手で子供たちがちゃんと教育を受けられる学校をつくり始めた。

学校を建てる場所はライさんが生まれ育ったコタン郡。何年も中学卒業試験の合格者が出ず、高校に進学できる子が皆無という、ネパールでも最も教育の質が低い地域だったからだ。アルバイトで稼いだ自己資金に加え、大学の先輩や友人たちのカンパ、現地の村の人たちの応援資金を合わせて25万円ほどを原資に、２０１２年、木と竹の学校「YouMe School＝夢小学校」をつくったのである。

はじめは学校づくりを手伝ってくれた知人、８人の生徒と１人の先生以外、誰にも信じてもらえなかった取り組みだったが、その後日本の新聞やテレビなどで少しずつ取り上げられるようになり、信じてくれる人が徐々に増えてきた。中には大口の寄付者も現れ、学校は石とレンガ造りになった。現在では１３８人の子供たちが通っている。ＮＰＯには、ＡＰＵの同級生の日本人も参加してくれ、２０１５年４月ネパールが大震災に見舞われたあとは、各地の学校に仮設教室をプレゼントするなど、数々の教育支援を行った。

ＡＰＵで日本や他国の学生たちと「混ざる」ことによって、ジョシさんとライさんは、自国に足りないものが「教育だ」と知った。ＡＰＵの「混ぜる教育」がひとつの国の教育を動かす力になろうとしている。

もう１組は、インドネシア出身のメガニ・プスパサリさんが立ち上げたインドネシアの貧しい子供たちに教育機会を与える「The hoshiZora foundation（ホシゾラ・ファウンデーション)」。インドネシアには貧しくて学校に行けない子供たちがたくさんいる。その現状を打破しようとAPUの国際学生だった彼女は、仲間のインドネシア出身の5人の学生と一緒にインドネシアに送金を始めたのがきっかけだ。

「インドネシアの子供たちがひと月に必要な教育費は1000円程度。日本ではランチ1回分のお金です。だったら、アルバイトで貯めたお金をみんなで集めて国に送って、子供たちの教育に生かしてもらおうと考えました」

かくしてメガさんたちの活動「ホシゾラ」は大学の学生団体になった。2006年5月のことだ。この団体は現在「ホシゾラAPU」として後輩たちが引き継ぎ、APUを拠点にメガさんたちの活動を支えている。その後、ホシゾラ・ファウンデーションはNGOとなり、インドネシア国内の恵まれない子供たちに学校に行くための奨学金を支給したり独自の教育プログラムを地域で展開している。精力的に活動するメガさんは、2014年に「L'Oreal Paris Women Of Worth Indonesia」にも選ばれた。

さらにもう1組は、今井紀明さんと朴基浩さんが始めたNPO「D×P」だ。高校生中退や不登校を経験した通信制・定時制の高校生が、進路未定のまま卒業する前に自立するのをサポートする若者支援事業を展開している。通信制の高校の生徒たちに人とのつながりをつくる「クレッシェンド」というキャリアプログラムや、企業からの支援を受けながらITスキルを獲得したり、企業へのインターンシップを経験したり、アートや写真の展覧会を行う卒業後のチャレンジプログラムなどを用意し、進路に迷っていたり、学校に行きたくなくなっている高校生たちにリアルな道を示そうとしている。2015年度は約800人の生徒たちと関わり、関西と北海道で事業を展開した。

今井さんと朴さんがこの活動を始めるきっかけは、APUでの出会いだった。2007年、キャンパスで2人は出会い、意気投合した。2人には共通点があった。高校卒業時点で「社会の落ちこぼれ」になったことがあるのだ。

今井さんは、かつて「有名人だった」過去がある。2004年、高校生のときにイラクの子どもたちを救う医療支援のNGOを立ち上げて銃弾飛び交うイラクに行き、現地で拘束され、武装勢力の人質となった。全国ニュースで連日取り上げられ、「イラク人質事件」の主人公となると、解放されて帰国したときに、大バッシングを受けることになった。その後、今井さんは対人恐怖症となり、ふさぎ込む生活を送ることになる。

朴さんは、日本の中高一貫校を退学して、アメリカの高校に留学。自由な校風に感化され、伸び伸びと生活するものの、帰国後両親が離婚したこともあって経済的に大学進学が難しくなり、そのままニートとなる。朴さんもまた高校卒業でドロップアウトしてしまった。

ＡＰＵは、そんな引きこもりの２人を大学に受け入れた。ＡＰＵで出会った２人は道を見つける。自分たちと同じような道、高校でドロップアウト、という道を、高校生たちに歩ませない仕組みをつくろう。２人は２０１２年３月に現在のＮＰＯの前身となるDream × Possibility を立ち上げ、同年6月にはＮＰＯ法人Ｄ×Ｐとなった。

ＡＰＵから生まれた3つのＮＰＯ及びＮＧＯ。いずれにも共通しているのは、教育の機会を奪われた人たちに、未来の人生につながる教育プログラムを提供していること。3組が登壇したイベント「活きる場所のつくりかた。」の仕掛け人でもある今村副学長は言う。

「ＡＰＵは、いろいろな背景を持った若者が日本中、世界中から集まってくる。そこでお互いが自分たちの身の上話をし合ううちに気がつくんですね。世の中で生きていくうえでいかに『教育』が大切なのか。大学まで行けた自分たちがいかにラッキーなのか。そして多くの人が教育のチャンスを失ったことで、未来をも失いかけているか、ということを。だから、卒業生の中に、こうして教育関連のＮＰＯをネパールで、インドネシアで、日本でやろうと思う人たちが出てくる。ＡＰＵの『混ぜる教育』は、教育そのものの民間リーダーを生みだしつつあるんです」

日本の未来をAPUが担う日

日本はいま縮小し続けている。2008年の約1億2010万人をピークに人口は減少に転じた。2050年には1億人を切る予測だ。原因は少子化にある。2014年の合計特殊出生率は1・42人。2015年時点で安倍晋三政権では希望出生率1・8を目標としているが、仮にこの出生率が達成されたとしても、現在の少子化そして高齢化の流れの歯止めとはならない。国内総生産GDPは2010年に中華人民共和国に抜かれて3位となった。一人当たりGDPはすでに27位(2014年)である。

人口が減少し、少子高齢化が進み、呼応して国の経済規模も縮小していく。この3つがスパイラル状に進み、日本そのものが衰退していく。全体未聞の暗い未来図である。

どうすればこのスパイラルから抜けられるだろうか?

ストレートな処方箋として必ず挙げられるのが「移民政策」である。若い世代の移民を海外からどんどん受け入れることで、若年層人口を増やし、少子高齢化と人口減少を一気に解決する。企業を中心に移民受け入れを望む声は少なくない。が、その一方で、移民政策には強烈なアレルギーが日本国内にあるのも事実である。同質性の高い島国の日本に、異国からの移民を大量に受け入れるのは、社会的に負荷が大きいし、トラブルが確実に増大する、という意見もよく見られる。現在ヨーロッパでは中東や北アフリカから移民を受け入れた結果、社会不安やテロまでもが起きているではないか、という指摘もある。

『新・観光立国論』（東洋経済新報社）を著したデービッド・アトキンソン氏は、日本は海外からの観光客を増大させる「観光客＝短期移民」の増大で市場拡大をすべきという論を唱えている。アトキンソン氏によれば、世界的に見て、「観光業」は先進国ビジネスである。２０１４年の数値で見ると、世界でもっとも海外からの観光客を集めているのは、フランスで年間８３７０万人の外国人が訪れる。２位のアメリカが７４７６万人、３位のスペインが６５００万人、４位中国が５５６２万人、５位イタリアが４８５８万人と、外国人観光客の多い国は欧米先進国が多い。

日本はというと年間１３４１万人で22位。これは11位香港２７７７万人、12位マレーシア２７４４万人、14位タイ２４７８万人、20位韓国１４２０万人よりも少ない。２０１５年は中国からの「爆買い」ブームがあり、一気に６００万人増えて１９００万人となったが、日本の人口規模、経済規模からするとまだ小さな数字だ。アトキンソン氏は、日本の観光資源、「自然」と「気候」と「文化」と「食」とを徹底的に磨き上げて、観光立国を目指し、外国人観光客という短期移民＝消費者を増やすべきだ、と説く。

日本の国内市場の規模を拡大する、という意味で、アトキンソン氏の指摘は実に説得力がある。２０２０年の東京オリンピック開催に向けて、外国人観光客という「短期移民」の誘致合戦は、今後各地で広がっていくだろう。

ただし、観光客はあくまで消費者であり、プレーヤーでもなければ、生活者でもない。日本の未来を考えるうえでは、消費者のみならず、プレーヤーの人口を増やす必要がある。本格的な「移民」が難しいとするならば、誰か？「留学生」である。

「日経ビジネスオンライン」２０１６年1月25日付の連載「人口減少時代のウソ／ホント」で、国立社会保障・人口問題研究所の森田朗所長とライフネット生命の出口治明会長は、人口減少時代の日本のソリューションとして、「移民」ではなく「大学への留学生」を増やせ、と論じている。

日本でいま議論されている「移民」のイメージはついつい単純労働の補充という方に傾いてしまう。けれどもむしろ日本を活性化させるうえで必要なのは、優秀な起業家やビジネスパーソンや研究者になり得る大学の留学生を増やすべきではないのか、というのだ。

出口会長は、アメリカのシリコンバレーのトップ企業の経営陣の多くがすでに「移民」で占められている事実を指摘する。

出口氏「エイミー・チュアの『最強国の条件』によると、1995年から2010年にかけてシリコンバレーにできたベンチャー企業の52・4%は、外国人留学生が創業メンバーに入っていたそうです。Googleだって2人の創業者のうち、セルゲイ・ブリンはロシア出身です。Yahoo!の創業者メンバーであるジェリー・ヤンも、台湾生まれ。2人とも、子どもの頃にアメリカに移住していますが。なかには、アメリカ人だけという企業もあると思いますが、数字を見ると外国から来た人材とアメリカ人がお互いに刺激し合ってベンチャーをつくっていることが類推できます」(同連載より)

人口問題の専門家である森田所長は、海外から優秀な人材を集める国際大学があれば国境を超えた属人的なエリートのネットワークが構築され、結果として国の未来に寄与することを、アメリカの例を挙げて説明する。

森田氏「ハーバードなどの有名大学は、多額の寄付をした場合に子弟の入学を許可しているそうです。そのお金を使って、途上国のエリートを呼んできて育てている。アメリカの大学で教育を受けた人は、将来的にも親米的になる。しかも、大学の寮で同じ釜の飯を食っていた仲間が、将来のアメリカを動かすエリートになるから、エリート同士の人的ネットワークができる。すると、ちょっとした外交問題は、直接話して解決できたりするようになるんです」

どうだろう。2人の論を読んで、既視感を覚えないだろうか。まさに本書でこれまで論じてきたAPUの事例と呼応するのだ。教員の半数を外国人として、日本語と英語の授業を用意し、日本国内と世界80ヵ国以上の国から学生を集め、当初より国内と国際の学生比率を1対1にすることで、国際大学としての環境を整える。4年間、同じ釜の飯を食べた仲間たち＝校友は、卒業してからも、国境や所属を超えて、属人的なネットワークでつながり、公私ともに機能し合い、新しいビジネスを創り、社会に貢献し、日本と世界とをつなぐ。その結果、日本への短期移民＝海外からの観光客も増えるだろう。

2000年にAPUが開学した時点では、まだ日本は人口減少には転じてはいなかった。けれども、人口動態ほど未来予測が正確にできる統計はあまりない。実は当時から、日本が人口減少と少子高齢化とGDPの縮小に見舞われることは、はっきり予想がついていた。

その意味で、日本から世界から有望な若者を集め、徹底的に「混ぜて教育して」校友として世に送り出す、APUの構想と実践は、21世紀の後半までをも見据えた、日本の未来にとってもっとも重要な先行事例、といえるかもしれない。

ＡＰＵが16年間で受け入れた学生の総数は約2万２３００人。うち国際学生は１３７ヵ国・地域約1万１３００人だ。日本が世界と混ざりながら明るい未来を自ら創っていくためにも、ＡＰＵを「お手本」として「仮想敵」として、第2第3の「真の国際大学」が現れる必要がある。

そして、日本における大学のスタンダードが「３つの50」となるときがくれば、おそらく日本は再び活気のある、知的で若々しい国に蘇るはずだ。

「混ぜる大学」APUは、「混ぜなきゃいけない」未来の日本の姿です

是永 駿 立命館アジア太平洋大学 学長

少子高齢化の道を突き進む未来の日本は、好むと好まざるとにかかわらず今後多民族国家の道を模索しなければならないでしょう。これについては国内で常に議論があることは私もよく知っています。

でも、基本的に悲観したり、不安になりすぎたりすることはないと思っています。80ヵ国から集まった国際学生と国内学生と混じり合っているAPUのキャンパスが、そんな未来の日本の明るいお手本になると信じているからです。

そもそも日本が単一民族というのも私たちの思い込みの部分があります。誰もいなかった無人の島に数万年前から数千年前にかけて、アジア大陸から朝鮮半島からあるいは南の島から次々と古代人が訪れて今の日本人となったわけですから。日本人には、中国人も朝

鮮人も南方民族も北方民族も、さまざまなDNAが混ざっており、アジアの国の中でも突出して多様なDNAのバリエーションが多い民族だと言われています。ことばについても、日本語のルーツをたどると、中国語の漢字のみならずポリネシア言語との共通性があったりと、かなり「混ざった」言語と言われています。

世界中から学生が集まって混ざり合いながら一緒に勉強し、一緒に生活しているAPUの大学のあり方は、「日本のはじまり」とそっくりではありませんか。さまざまな民族、さまざまな言語が混ざり合いながら、4年間でひとつの仲間になっていくAPUのカリキュラムは、「日本の未来」を示している、とはいえないでしょうか。

本当だろうか、と疑問に思う方は、ぜひAPUのキャンパスにお越しください。日本が多民族国家になってもまったく大丈夫、むしろ活力が湧いてくる、さまざまな可能性が生まれてくる、と勇気を持てるようになるはずです。

APUでは、難民も学生として受け入れています。APUをひとつの国としてみたら、日本人が50％で、残り50％に80ヵ国の外国人がひしめいている。多民族国家ならぬ、多民族大学です。多民族大学になると、何がいいのでしょうか。

それは、日本の物差しでは計れない多様な優秀さをもった若者たちが次々とやってきて、大学を活性化し、日本の学生を刺激してくれることです。そして、すべての学生と我々教員や職員のコミュニケーション能力や胆力を自然と鍛えてくれることです。混ぜてみなければ得られない教育効果です。

2014年、APUは、文部科学省が指定するスーパーグローバル大学創成支援事業37校の1校に選ばれました。その座に甘んじることなく、私たちは新たな目標を設けました。

それは、「3つの50」を超える「4つの100」です。

留学生の出身国を開学当初の50から100へ増やす。APハウスを拡充して、新入生は日本学生も国際学生も100%寮生活を経験する。さらに全学生が4年間の間に100%必ず海外学習を経験する。そして100%すべての授業に多文化環境を生かして多国籍な学生によるグループ協働学習を取り入れること。以上が4つの100です。これを今後10年間でAPUが達成すべき目標とします。今よりさらにたくさんの国の人たちを混ぜ、すべての学生を寮の暮らしで混ぜ、すべての学生が海外学習を経験してさらに混ぜ、すべての授業で教員と学生が混ざるようにする。それが私たちの考えている未来のAPUです。

2015年秋、日本を席巻したラグビーワールドカップの日本チームもまた、未来の日本のお手本のようなチームでした。多民族構成でありながら、ちゃんと日本のチーム。みんなで日本の国歌を歌って戦う。APUの卒業生もあの日本チームのように多民族大学の出身者として世界を舞台に活躍してほしい。

APUの「混ぜる教育」は、まだまだ発展途上です。いろいろな人や知識や価値観を混ぜて、多様で豊かで強く優しい若者たちがここから巣立ち、日本と世界を混ぜる仕事を担っていく。それが、私の願いです。

「Only is not lonely」な若者たちが育つ庭

糸井 重里

APUは、たとえて言うならば、色とりどりの花が「混ざって」咲いている庭です。花、というのは世界中から集まった学生さんのことです。ここは整備された花壇のような庭じゃない。イギリスの田舎で見かけるワイルドガーデンのような庭です。世界中から集められた植物がひしめき合って混ざり合ってそれぞれが花を咲かせて、ぎりぎりのところでちゃんとすみ分けて、そこにしかない生態系ができあがっている感じです。

APUのキャンパスでは世界中の学生が日本中の学生と混ざっているし、温泉街の別府という街と大学とが混ざっているし、職員と教員が混ざっているし、学生と職員教員も混ざっている。混ざっている力、公私混同的なパワーがあります。

ただ、色とりどりの花が混じり合って野性的に咲いているからといって、ほったらかし、というわけじゃない。そこが面白いところだと思います。

2015年2月21日、「ほぼ日刊イトイ新聞」×APUでイベント「活きる場所のつくりかた。」を開いた

糸井重里さん　早野龍五先生　今村正治APU副学長

2015年6月27日、APUの学生と東大早野龍五教授が「知ろうとすること。」イベントをキャンパスで開催

野放図に伸び放題になっているかに見えるワイルドガーデンも、実はちゃんと設計思想があって、地面の下のところで、日々細かい手入れをしている人がいます。強い雑草を抜いたり、悪い虫をとったり、肥料をあげたり、土を耕したり、ときには植えかえたり。そんな手入れのプロがいるからこそ、ワイルドガーデンはのびのびと葉を伸ばし、花を咲かす。

ＡＰＵという「庭」にも、設計して、手入れをする人がいます。職員さんたちであり、教員さんたちです。「１つひとつの花＝学生」をこまかく縛って管理して育てるのではなく、ＡＰＵというワイルドガーデンの設計を周到に行い、ルールを決め、根っこの手入れをして、花を咲かせる。僕がＡＰＵを面白いなあ素敵だなあと思ったのは、この点です。これって「理想のマネジメント」じゃないか、と。

どうやって「手入れ」しているかというと、たとえば、国際学生たちが日本語を履修するうえで6段階のクラスを用意しているそうです。日本語の習得に関しては、個々の学生のレベルがばらばらだから、均一の授業だけだとどうしても日本語ができる子とできない子が出てしまう。そこで、それぞれ習熟度に合わせて6段階のクラスがあるのですが、おそらくこの段階の数、6つじゃなくて5つでもあるいは4つでも、普通に考えたら十分なくらい親切なはずだと思うんです。

それでもAPUでは6段階までクラスを分けている。卒業までに国際学生がみんな日本語を不自由なく操れるようにしよう。そのためにクラス分けしていったら6段階までになっちゃった。APUのスタッフのひとたちは、おそらく試行錯誤しながら学んで設計していったんだと思います。

APUの学生寮、APハウスの運営を学生たちの自治に任せているのも、決して自治＝ほったらかし、ということではないんだと思います。世界から集まった学生たちが、自分たちで自由に暮らす空間を運営する。若い子たちが男女入り混じって暮らす場所を学生たちの自治に任せる。一歩間違えれば「不純異性交遊」の館になっちゃうおそれだって十分ある。おそらくAPUの経営陣も、最初からそのリスクを念頭に置いていたはずです。

そのうえであえて学生に運営を任せた。その代わり、楽しいけどちゃんと規律のある寮生活を学生たちが運営したくなる制度を考えて、学生たちに渡した。それが、学生たちの中からリーダーであるRA（レジデント・アシスタント）を選ばせて、RAを中心に学生たちが寮生活を経営する、という仕組みです。あとは任せたから君たちの力で寮をうまく運営してね、と委ねる。

すると面白いもので、ひとは、上から罰則を設けられて禁止事項を押しつけられるより、自分が主体的に関わってつくったルールをちゃんと守るほうが気持ちがいいんですね。俺がつくったルールを俺が破るのはカッコ悪いじゃないか、となるわけです。

それでも、おそらく最初はいろんなトラブルがあっただろうと想像できます。学校と学生が現場でいろいろチューニングしながら、仕組みを洗練化させていたんでしょう。

温泉街というアジールだからグローバルになれる

僕自身は、大学というものがずっと好きじゃなかった。学生運動が盛んだった時期に入学した大学も、ほとんど通わずに中退してしまった。

コピーライターをやっていた頃も、大学から「先生になりませんか」というお誘いが来たらもうおしまいだ、と思っていました。何かのプロが大学の先生になる、というのは、「本業では過去の人」って扱いじゃないか。「政治家になりませんか?」「大学の先生になりませんか?」と誘われるのは、自分が油断している証拠、自分の力が落ちている証拠じゃないか。そう考えていたわけです。

大学が嫌いで大学と縁を持たないようにしていたはずの僕がAPUと出会ったのは

2013年、副学長の今村正治さんが「ほぼ日刊イトイ新聞」の東京・青山のオフィスにいらしたのがきっかけです。

当時、今村さんは開学前からかかわっていたAPUをいったん離れ、立命館大学で新しい学部をつくるプロジェクトにかかわっていて「糸井さんの意見を聞きたい」ということでした。

最初は気乗りがしませんでした。なにせ、大学が好きじゃないわけですから。

ところが、来訪された今村さんの話をうかがってみると、新学部の構想がとても面白い。いつの間にか前のめりになって、僕もどんどんアイディアを出し始める。今村さんがそれに答える。そんなやりとりをしているうちに気づきました。

新学部の構想が面白い以上に、この今村さんという人が面白い。それまで、大学が面白いなんて思ったことがなかったから、「大学の中の人」の話が面白いというのはとても新鮮でした。

なぜだろう。話をうかがっていくうちにわかりました。今村さんは「大学の中の人」だけど、「教授」でも「先生」でもない。「職員」だったんです。

このとき初めて意識しました。大学で働く人には、教授や先生のような、学生を教えたり研究をしたりする〝教員〟と、今村さんのように大学を運営する〝職員〟がいるということを。なるほど、企業に研究部門と事業部門があるように、大学にも事業をやる、経営をやる人がいるわけか。という具合に、大学に興味を持った。そこで今村さんの口から出てきた、別府のおもしろい大学がＡＰＵだったんです。

学生の半分が80ヵ国前後から集まってきた外国人で、先生も半分が外国人で、別府の温泉街の外れの山の上にある。そんな大学をゼロからつくってしまう。普通できないですよね。周囲を気にし過ぎてきゅうきゅうとしている現代に、今村さんはじめＡＰＵの当事者の人たちは、勇猛果敢で、豪放磊落《ごうほうらいらく》で、いい意味でおバカで、なによりみんなに喜んでもらおうと思っている。結果、こんなおもしろい大学をつくってしまった。うん、そのＡＰＵという大学の空気を吸ってみたいな。どうせだったら僕１人だけじゃなく、「ほぼ日」の乗組員みんなで。

今村さんが「ほぼ日」に来てから数ヵ月後の夏、はじめてＡＰＵを訪れ、２０１３年の秋に僕は「ほぼ日」の乗組員たちと一緒に、東京から飛行機に乗って再びＡＰＵに行きました。

ＡＰＵの面白さは、想像をはるかに超えていました。大学のキャンパスを皆で探検したり、学生たちとトークセッションをしたり、授業に混ぜてもらったり。授業も、先生が一方的に話すのではなく、ティーチング・アシスタント（ＴＡ）と呼ばれる先輩学生がついている。学生同士がお互いにインタビューをするワークショップなんかもある。僕の覚えている大学の授業は、先生が大教室の教壇で一方的に話すだけで学生の大半は居眠りしているって感じだったんだけど、まったく違った。いろんな花が咲き誇っているワイルドガーデンのようだった。

こんな大学だったら、僕が行きたい。大学嫌いだったはずの僕がそう言ったら、「ほぼ日」の乗組員たちからも同じ声が上がりました。

その夜、僕たちはＡＰＵのキャンパスを降りて、麓の別府市の温泉街に泊まりました。そこでも気づきがありました。ＡＰＵがうまくいったのは、大学がある別府という町にも秘密がある。

地元の方に別府の路地裏を案内してもらったんです。湯けむりがあちこちから立ち上る温泉街、別府。昔から温泉街って、傷ついた人やよそ者なんかが逃げ込む場所でもあった。異端な人をまるごと受け入れて、かくまってくれる。いまでもきっちり怪しさと懐の深さが町から伝わってくる。この別府という町だからこそ、80ヵ国以上から集まった留学生が混じり合うＡＰＵという大学がぬくぬくと育つことができたんじゃないだろうか。

　地方の小都市にいきなりいろいろな国の外国人がどかっとやってきたら、普通だともっと色めき立ったり、摩擦があったり、事故や事件があってもおかしくない。職員の皆さんが地域住民にこまめに説明してアフターフォローもしていた経緯はあったのだろうけど、ＡＰＵというグローバルな大学が受け入れられたのは、別府という温泉街そのものが持つ、ある種のアジール（聖域、避難所）だから……。

　別府という街とＡＰＵという大学が混ざることで、アジールとグローバルがひとつになったわけです。アジールとグローバル、実は相性がいい。どちらも異質なものが「混じり合う」ところだからです。そこでは誰もが異質な存在。だからこそ誰もが同じ目線で混ざって暮らして一緒に何かができる。

　この研修をきっかけに、「ほぼ日」は、ＡＰＵとすっかり仲良しになりました。大阪でイベントを一緒にやったり、２０１５年2月には「活《い》きる場所のつくりかた。」という半日がかりのトークイベントを共同開催しました。

お店を任せられる人、ハンターになれる人が育つ

開学から16年たって、たぶんAPUは外からいろいろ言われる時期に来ているかもしれない。こういう本を作るってことを含めて。もっと学問的な研究を強化したほうがいい、とか、もっと偏差値を伸ばそうとか。でも、そういう外の人が言う「価値」って、僕が好きじゃなかった昔の大学のものさしで計った価値じゃないかな。

そもそも、APUって最初の理想をかたちにした時点で、もうすでに1回成功しているんです。

50％が留学生で、50％の先生が外国人で、50ヵ国以上の人を集める。異質な人同士が、一緒に顔を合わせて、人間としてお互いぶつかって、勝手に学んでいける。偏差値で輪切りにされた日本人の学生ばかりの大学では、どんなに優秀な学生が集まっていてもできなかったことが、ここで実現できている。

もちろん、留学生を50％以上にする、とか、一からルールを決めて大学をつくるのは、すごく大変なことだったと思います。何もない大分県別府の郊外の山の上にゼロから留学

生が５割を超える国際大学をつくろうっていうのは、とんでもない手間を厭わないとできないってことだから、無茶なんです。無茶だからこそ、その無茶が実現した時点である意味成功しているんですね。

留学生の子たちは、日本にたどり着いただけですでに物語を持っている。「自分はなぜこの大学に来たのか」を、本当に考えて来た子たちは、何を学ぶべきかもう分かっていります。日本人の学生たちはそういう「物語」を持ってないから、留学生たちに圧倒されるかもしれない。いいんです、それで。どうせ混ざるわけだから。

ＡＰＵがすでに体現している成果って、これまでの偏差値みたいなものさしでは計れない、別の「良さ」を磨いた学生たちが育っているってことだと思うんです。勉強ができる、というのは、あらかじめ答えのある問題を解く、テストでいい点数がとれるってことですよね。こういう「頭の良さ」だけでは、多分これからの仕事も社会もおもしろくできないんじゃないかな。要するに情報処理が速いってだけですから、そういう能力は。簡単にコンピュータに置き換えられてしまいます。

本当に「頭の働き」が良くないとできない仕事ってあるんです。たとえば「接客業」です。答えがあらかじめ決まっている問題を解いてきただけの人にはすぐにはできない仕事。

なぜならば、接客業って、通り一遍の答えがない人間関係を解くことだからです。ちなみに、脳内でブドウ糖を一番消費するのは人間関係の処理だそうです。それくらい頭を使うんですね。

人間は、それぞれがいろいろなことを考え、絶えず活動しています。そんなばらばらの人間という存在に対して、ひとつの目的を提案してつながってもらい、サービスを施すのが接客業です。

「接客業がすごいぞ」と僕に気づかせてくれたのは、渋谷の109です。109の中に入っているお店では、学歴があるわけでも何か資格を持っているわけでもない若い女の子が、洋服大好き！って思いを持って仕事を始めて、気がついたら店長になっている。20代の女子店長が、店長会議に出たり、仕入れをやったり、アルバイトの子の人事管理をしたり、お客さんのトラブルを処理したり。まさに現場であらゆる仕事をこなす。つまり経営をやっている。大学を出てサラリーマンになって出世して、といった日本の大企業社会では、もしかするとなくなってしまった、一番おもしろくって、一番力のある物語です。

「ほぼ日」でも欲しい人材って「お店を任せられる人」です。お店を任せられるってすごい能力ですよ。その力は学歴だの資格だのじゃ計れない。

「お店を任せられる人」は、ぼわっとだけど、視界に入らないところまで、すべてを把握してる。動物はみんなこういう目の配り方ができるんだけど、人間はなかなかできない。優秀な店長さんは見えるんですね。お客さんが何をしているか、店員がどう動いているか。こういう店長は、マネジメントの理論なんか知らなくても、すごくいいリーダーです。突発的なトラブルがあっても対応できる。人を好きになる力、人に好かれる力がある。偏差値より、いま重要なのはこういう力なんじゃないかな。

それから、ＡＰＵは、「ハンター」仕事ができる人が育つ場所じゃないでしょうか。

現代の大学のランキングは偏差値主義。その偏差値で測ることのできる能力は「情報処理能力」の高さ。「情報処理能力が高い」ということは、巨大な工業社会を支えるホワイトカラーとして優秀かどうか、ということです。もっとさかのぼると農耕社会でうまくやっていく能力ともつながるかもしれない。みんなで腰をかがめて同じ作業をして、誰がいちばん雑草を抜くのが早いか。その効率が問われる。つまり「生産性を上げる」ことが大切という価値観が中心にある社会で、評価される能力です。

でも、工業社会が天井を打った日本のような国において、大規模農業や巨大工業みたいな仕事だけじゃなく、ハンターのような仕事、ひと月に１匹熊を仕留めるような仕事、１

年に1頭マンモスを仕留めるような、なんだか原始人みたいな仕事が、改めて重要になってきているはずです。「クリエイティブ」と呼ばれるような仕事は実はハンターみたいな仕事ともいえます。そしてハンターの能力は偏差値では計れない。

そして、熊を仕留めたりマンモスを仕留めたりというハンターの仕事は、決してひとりぼっちの力じゃないんです。ハンティングはチームでやる仕事です。顔の見える「チーム」をつくり、協働して狙いを定め、仕留めて、解体して、村に持ち帰って分けるチーム力を持っていないと、ハンター仕事はできない。さっきの「お店の仕事」と一緒ですね。ハンターは、顔の見える個人だけど、ひとりぼっちじゃない。チームで動いて獲物を見つけて仕留めて分けるまでがハンターの仕事なんです。

２０１５年2月、「ほぼ日」とＡＰＵとで企画したイベント「活《い》きる場所のつくりかた。」では、３組のＡＰＵ卒業生に登壇してもらいました。震災で大変なネパールで、子供たちのために学校をつくろうとしているジョシ君とライ君。大阪で将来が見えない高校生のためのＮＰＯを立ち上げた今井紀明君と朴基浩君。インドネシアで貧しい子供たちのために里親制度をつくろうとしているメガさん。みんな自分の「お店」をつくろうとしている。

どれも目の前の小銭を稼ぐタイプの「ビジネス」じゃなくて、自分の国の恵まれない「お客さん＝子供たち」を幸せにする仕事です。

2015年6月には、福島の原発問題を科学的に誠実に分析し続け、僕と共著で『知ろうとすること。』を出版した物理学者の早野龍五先生をAPUの学生たちが呼んで、公開討論授業をやりました。

発端は、ウズベキスタン出身のAPUの男子学生が「早野先生は、福島の原発事故後の放射能の問題を基本的には致命的なものじゃない、と発信しているけど、違うんじゃないか、やっぱりものすごく危ないんじゃないか」と反論したことにあります。ウズベキスタンは、あのチェルノブイリの原発事故の現場から遠くないので、他人事ではなかったんですね。彼はAPUの生協で福島の食材を使うことを反対していた。じゃあ、きっちり公開討論しましょう、ということで、早野先生がAPUまで出かけて、学生たちが主催する現場に赴いたわけです。僕もついていきました。学生側にはもう1人キーウーマンがいて、一度社会人を経験してからAPUで学んでいる。彼女が討論を仕切ってくれました。

結果は、早野先生の見事な対応で、福島の放射能汚染に関する誤解はみんな解けたんですけど、すばらしいのはこういう困難な課題の討論会を学生たちが自主的に仕切り、現実化したことです。まさにこの公開討論のために、個人が集まり、チームをつくって、成果を出して解散した。

ＡＰＵでは「お前、変わってるな」とお互い言う必要がない。だって、お互い「変わっている」のが前提の大学ですからね。つまりみんな「Ｏｎｌｙ」なんです。学生も先生も、国籍も違えば肌の色も違えば母国語も違うわけで。日本人って、どこかに〝普通〟があると思い込んでます。真ん中がある、と信じている。お勉強でもそうです。偏差値ってまず偏差値50っていう真ん中があるわけでしょ。でも、個人個人を見てみたら、普通の人、真ん中の人なんて、どこにもいない。そう考えると、いろいろな国の人が混じり合ってチームをつくって何かをやる、というＡＰＵでは当たり前の感覚のほうが人間として自然だし、本当なんじゃないかな？

大学とＮＰＯってちょっと似ている

本書のタイトルにあるように「混ざる」というのはＡＰＵの特長です。職員や教員と学生との距離が近い、というか混ざっているのもおもしろい。ＡＰＵに行くと、副学長の今村さんがおもしろい学生をどんどん連れてくるんですけど、よその大学で「うちの学生です」ってエラい人が連れてくるのは、野球部主将とか、ピアノコンクールで優勝した子とか、なんかの研究で成果を上げたとか、そういう学生でしょう。ＡＰＵだと「ただおもしろい子」を連れてくる。副学長と学生が同じ高さの目線である証拠です。こういう空気が自然なのは、外国語が混ざってる、ということもあるでしょうね。先生も学生も、みんな名前で呼び合える。

言語はひとつの体系です。利口な人ほど体系を守りたがります。ＡＰＵでは、基本的に英語と日本語というふたつの言語が公用語で、それが混ざり合うと、日本語だけの体系が壊されて、新しい体系が否が応でもできてくる。コミュニケーションのルールも新しくできる。だから、より混ざりやすいんでしょう。

ＡＰＵとかかわって感じたのは、大学とＮＰＯってちょっと似ているということ。営利目的じゃない組織だからこそできること、ってあるんですよね。ＡＰＵでは職員も、教員も、学生も、みんな一緒になって大学をつくろうとしている。だからこそ、ノーガードでいろいろな人が協力してくれるんだと思います。

そもそもが、大学って「ボランティア」の要素があったりします。学生から授業料をとって教えているわけですが、学生は「ボランティアの修業」をしているという側面がある。つまり、将来私は何の役に立つんですか？というのを勉強している。

今、「社会の役に立つことがしたい」という市場が、大きくなってきていると感じます。市場って言うと、みんなお金のために動く前提で語られることが多いけど、実はそんなことはない。じゃあおもしろいことをすると儲かるんだ、儲かるためにはいいことをしよう、という話になることがありますが、それもちょっと違う。いいことをしたい、誰かに喜ばれることをしたい、というのと、お金が儲かる、というのは因果関係でつながっているんじゃなくて、曼荼羅《まんだら》図のようにどっちも市場の中にぽつんぽつんとあるものじゃないでしょうか。

そんなことを「ほぼ日」を立ち上げてからずっと学んできたので、APUに出会ったとき、そんな曼荼羅図がここにはあるぞ、とひとつの理想というか、仲間というか、そんな存在として輝いて見えました。お金とか、ビジネスとか、教育とか、社会貢献とか、異文化交流だとか、ひとつの論理だけでは説明できない、同時多発的に新しいこと、おもしろいことがぽんぽん生まれる。APUはそんな場所だと思います。

今のAPUは、元気のいい中学生みたいなもんです。未熟なところもあるけれど、一方で「成功」の維持にこだわり始めると、おもしろくならずに「老化」しちゃう恐れもあります。じゃあどうすればいいのか、というと、好奇心を満たすような「祭り」や親切や優しさやおもしろさみたいなものにつながることを、絶えず新しい献立を考えるようにつくっていく。大学は、毎年どんどん学生が入学してきて卒業していきます。いろんなところに散らばって、働いて、また新しい子たちが集まってくる。それって、すごくいいことです。知恵や経験は大学という場に蓄積されるけど、人はどんどん入れ替わる。常に新陳代謝があって、新しい個人が集まって、新しいチームが生まれ続ける。

僕が運営している「ほぼ日」のサイトの冒頭には、こんな英語が掲げてあります。

Only is not Lonely

僕がでっち上げた和製英語です。英語のできる人に、こんな英語はありません、とも言われます。

でも、これを読んでいる皆さんの大半は、たぶん日本人だから、この和製英語のニュアンスをわかってもらえるんじゃないかな。

でっち上げた僕が、僕なりに翻訳すると、

（人間は）孤独だけど、ひとりぼっちじゃない。

一人ひとりの人間は誰でも究極的には孤独です。一人で生まれて一人で死んでいく。でも、そんなふうに人間は結局のところ、孤独なんだけど、一方で、ひとりぼっちじゃない。というか、ひとりぼっちじゃ生きていけない。狩猟採集のハンターみたいな生きものだった僕らのご先祖様は、ひとりぼっちで暮らしたんじゃなく、今でいう「チーム」をつくって、マンモスを仕留めたり、魚を捕まえたり、どんぐりを拾ったりして、生き延びてきた。くっついたり、離れたり、そのときそのときでメンバーは少しずつ変わるかもしれないけど、ひとりぼっちじゃなく、何かしらの「チーム」で暮らしてきた。

巨大農業文明から巨大工業文明が生まれて物質的にはおおむねすべてが満たされて、生産性の向上だのマーケティング能力だけでは、次の何かを産めなくなった日本みたいな国において、これからの働き方は、全部じゃないかもしれませんが、もしかすると、かつての狩猟採集社会みたいな仕事になるんじゃないでしょうか。顔の見える個人がチームをつくってハンティングをしたり、自分のお店を開いてお客さんを集める、というのが、古くて新しい働き方になるんじゃないんでしょうか。つまり「Ｏｎｌｙ ｉｓ ｎｏｔ Ｌｏｎｅｌｙ」な人たち、「孤独だけどひとりぼっちじゃない」人たちが、生き生きと仕事をする時代になるんじゃないんでしょうか。

僕から見たＡＰＵの学生たちは、まさに「Ｏｎｌｙ ｉｓ ｎｏｔ Ｌｏｎｅｌｙ」な人になりかかっている若者なんですね。目から鼻に抜けるすごい秀才、というわけじゃないし、数学オリンピックで優勝しましたという天才、というわけでもない。でも、自分で立ち上がって、仲間を募って、チームをつくって、何かをする、ということが彼ら彼女らはできる。

ＡＰＵからはこれからも、「Ｏｎｌｙ ｉｓ ｎｏｔ Ｌｏｎｅｌｙ」な人たちが育っていくでしょう。そのうちの何人かが、「ほぼ日」で僕らと一緒に仕事をする、なんてことがあってもいいなあ、と思っています。

糸井重里（いとい しげさと）

1948年生まれ。群馬県出身。コピーライター、エッセイスト、作詞家など多彩な分野で活躍。98年に開設したwebサイト「ほぼ日刊イトイ新聞」は、「ほぼ」と言いつつ、創刊以来1日も休まず更新している。有名無名を問わずにたくさんの人が登場するコンテンツや「ほぼ日手帳」などのグッズを販売する。2012年には、独自の価値観を生み出すユニークな企業運営が評価され、株式会社東京糸井重里事務所としてポーター賞を受賞。

学生の出身国・地域および国・地域別学生数

国・地域	合計
中華人民共和国	502
ベトナム社会主義共和国	498
大韓民国	488
インドネシア共和国	338
タイ王国	270
バングラデシュ人民共和国	82
台湾	73
スリランカ民主社会主義共和国	68
ネパール連邦民主共和国	49
インド	44
モンゴル国	28
ミャンマー連邦	26
カンボジア王国	14
フィリピン共和国	14
シンガポール共和国	13
マレーシア	11
パキスタン・イスラム共和国	8
ラオス人民民主共和国	5
ブータン王国	2
ブルネイ・ダルサラーム国	1
モルディブ共和国	1
小計	**2,535**
アフガニスタン・イスラム共和国	12
イラン・イスラム共和国	3
イエメン共和国	2
サウジアラビア王国	1
レバノン共和国	1
イスラエル国	1
アラブ首長国連邦	1
小計	**21**
ケニア共和国	13
エチオピア連邦民主共和国	5
ナイジェリア連邦共和国	5
ボツワナ共和国	4
モロッコ王国	3
モザンビーク共和国	3
セネガル共和国	2
ウガンダ共和国	2
タンザニア連邦共和国	2
エジプト・アラブ共和国	1
ガーナ共和国	1
リベリア共和国	1
南アフリカ共和国	1
小計	**43**
アメリカ合衆国	65
メキシコ合衆国	6
カナダ	4
ブラジル連邦共和国	2
ガイアナ共和国	2
アンティグア・バーブーダ	1
アルゼンチン共和国	1
チリ共和国	1
コロンビア共和国	1
ハイチ共和国*	1
ニカラグア共和国	1
小計	**85**
フィジー諸島共和国	14
サモア独立国	11
オーストラリア連邦	6
トンガ王国	5
ミクロネシア連邦	1
マーシャル諸島共和国	1
小計	**38**
ウズベキスタン共和国	100
フランス共和国	10
ノルウェー王国	8
英国	8
キルギス共和国	7
タジキスタン共和国	7
ドイツ連邦共和国	6
スウェーデン王国	6
フィンランド共和国	6
イタリア共和国	6
デンマーク王国	5
オーストリア共和国	4
ベルギー王国	3
ロシア連邦	3
オランダ王国	2
エストニア共和国	2
リトアニア共和国	2
スペイン	2
ジョージア	1
ポルトガル共和国	1
アイスランド共和国	1
カザフスタン共和国	1
モルドバ共和国	1
ポーランド共和国	1
スイス連邦	1
小計	**194**
国際学生(留学生) *2合計	2,916
国内学生*3	3,043
APU学生総計	**5,959**

*1…学生数および出身国・地域数については、2015年11月1日付を記載
*2…国際学生とは在留資格が「留学」である学生を言う。
*3…国内学生には、在留資格が「留学」でない在日外国人を含む。

2000年の開学以来、受け入れた学生の国・地域数:137カ国・地域(2015年11月1日付)
2000年の開学以来、卒業(学位授与)した学生の数:12,674人(2015年3月31日付)

大学概要

名称	立命館アジア太平洋大学
英語名称	Ritsumeikan Asia Pacific University(APU)
理念	「自由・平和・ヒューマニティ」「国際相互理解」 「アジア太平洋の未来創造」
設置者	学校法人立命館 (大分県と別府市との公私協力による)
設立	2000年4月
住所	〒874-8577　大分県別府市十文字原1－1

役職者一覧

学校法人立命館理事長	長田豊臣
総長	吉田美喜夫
立命館アジア太平洋大学学長	是永駿
副学長	吉松秀孝 今村正治 FELLIZAR,F.P.J 横山研治
アジア太平洋学部長	轟　博志
アジア太平洋研究科長	SALAZAR Manian
国際経営学部長 **および経営管理研究科長**	大竹敏次

学部・大学院の構成

学部	アジア太平洋学部 国際経営学部
大学院	アジア太平洋研究科　博士前期・後期課程　アジア太平洋学専攻 博士前期課程　国際協力政策専攻 経営管理研究科　修士課程　経営管理専攻(MBA)

教職員体制 ※1　数字は2015年5月1日付

専任教員	173人　うち外国籍教員約50%、世界23カ国・地域から86人
職員	197人(専任・契約職員合計)

学生数

総数	5959人
学部正規生	5656人
大学院正規生	188人
科目等履修生等	115人

外国人留学生比率48.9%、世界83カ国・地域から2,916人

崎谷実穂（さきや みほ）

フリーランス ライター

北海道生まれ。お茶の水女子大学卒。人材系企業の制作部で求人広告や企業パンフレットのコピーライティングを経験した後、広告会社に転職。新聞の記事広告の仕事を専属で担当し、100名以上の著名人・タレントなどに取材。独立後はビジネス系の記事、書籍のライティング・編集を中心に活動。構成協力に『ニコニコ哲学 川上量生の胸のうち』『振り切る勇気 メガネを変えるJINSの挑戦』（日経BP社）、『時間資本主義の到来』（草思社）等。

柳瀬博一（やなせ ひろいち）

日経ビジネス　チーフ企画プロデューサー

静岡県生まれ。慶応義塾大学経済学部卒。88年日経マグロウヒル社（現日経BP社）入社後、日経ビジネス編集部、日経ロジスティクス編集部、開発部を経て出版局で『小倉昌男 経営学』『アー・ユー・ハッピー？』『社長失格』『日本美術応援団』『流行人類学クロニクル』『養老孟司のデジタル昆虫図鑑』などを編集。2008年より現職。雑誌とウェブのコンテンツ広告をプロデュースしながら『池上彰の教養のススメ』『社長、そのデザインでは売れません』などを編集。

混ぜる教育

80カ国の学生が学ぶ立命館アジア太平洋大学APUの秘密

2016年5月23日　初版第一刷　発行

著者　崎谷 実穂　柳瀬 博一

解説　糸井 重里

取材協力　立命館アジア太平洋大学

発行人　高柳 正盛
発行　日経BP社
発売　日経BPマーケティング
〒108-8646 東京都港区白金1-17-3
装丁　寄藤 文平＋新垣 裕子（文平銀座）
制作　クニメディア株式会社
写真　大槻 純一　柳瀬 博一
印刷・製本　図書印刷株式会社

　ISBN 978-4-8222-3650-2 C0034